Ueber Gemütsregungen

Berner Reihe philosophischer Studien

Herausgegeben von

Prof. em. Dr. Andreas Graeser und PD Dr. Martin Bondeli, Universität Bern

Band 48

Diese Reihe versammelt Arbeiten, die im Umfeld des Instituts für Philosophie der Universität Bern entstanden und sich entsprechend der hier weiten Ausrichtung mit sehr unterschiedlichen Thematiken und Denkern verschiedener Observanz auseinandersetzen. Dabei orientieren sich die Autorinnen und Autoren an den Standards von Klarheit und Kohärenz und stellen ihre Beiträge in den Dienst der Sache.

PETER LANG
Bern · Berlin · Bruxelles · Frankfurt am Main · New York · Oxford · Wien

Carlo L. Calanchini

Ueber Gemütsregungen

Emotionen zwischen philosophischer Theorie und psychotherapeutischer Praxis

PETER LANG
Bern · Berlin · Bruxelles · Frankfurt am Main · New York · Oxford · Wien

Bibliografische Information der Deutschen Nationalbibliothek
Die Deutsche Nationalbibliothek verzeichnet diese Publikation in der Deutschen Nationalbibliografie; detaillierte bibliografische Daten sind im Internet über ‹http://dnb.d-nb.de› abrufbar.

Der Autor möchte sich an dieser Stelle bei Herrn Prof. em. Dr. phil. Andreas Graeser für seine Unterstützung bedanken.

ISSN 1421-4903
ISBN 978-3-0343-1017-8 br. ISBN 978-3-0351-0450-9 eBook

Hochfeldstrasse 32, CH-3012 Bern, Schweiz
info@peterlang.com, www.peterlang.com

Printed in Switzerland

Inhaltsverzeichnis

Manches ward manchfach gesagt;
doch auf den Prüfstein legen,
was man neu erfand,
vor die richtende Welt, ist voll Gefahr.

Pindar, *Achte Nemeische Ode*, vv. 20–23

Einleitung

Die vorliegende Arbeit, deren Ziel es ist, auf der Grundlage von Erfahrungen, Gelesenem und den daraus abgeleiteten theoretischen Überlegungen eine persönliche Meinung zur Natur von Emotionen zu formulieren, wurde angeregt durch den Buchtitel: „Thinking about feelings“ (herausgegeben von Robert C. Solomon, Oxford New York 2004) mit dem Untertitel „Contemporary Philosophers on Emotions“; der Band ist Teil der Reihe „Series in Affective Science“.

Was gibt es dazu zu sagen? Beim Nachdenken über „feelings“ schreiben Philosophen von „emotions“ und ihre Abhandlungen gehören offensichtlich zum Themenbereich der „affective science“. Noch bevor wir mit der Lektüre des Buches beginnen, sind wir schon mit drei verschiedenen Wörtern konfrontiert, von denen die ersten beiden als Synonyme gebraucht zu werden scheinen, und das dritte – „affect“ – entweder als übergeordneter Begriff oder vielleicht ebenfalls als Synonym. In jedem Fall verblüfft die Verwendung von drei verschiedenen, sich – scheinbar – alle auf eine einzige Sache beziehenden Termini innerhalb von nur fünf Zeilen diejenigen, die sich als Laien zum ersten Mal ganz arglos mit dem Thema befassen. Um was geht es hier überhaupt?

Auf der Suche nach Klarheit gibt es verschiedene Herangehensweisen.

Die erste und wahrscheinlich naheliegendste besteht darin, ein Wörterbuch oder ein Synonymwörterbuch zu konsultieren. Diese Herangehensweise ermöglicht es uns, den Sinn der drei Wörter zu überprüfen und festzustellen, ob es sich um Synonyme handelt oder nicht. Sie gibt uns jedoch nicht notwendigerweise Aufschluss über die Natur von Emotionen und – falls es keine Synonyme sind – über die Natur von „feeling“ oder von „affect“. Auch unsere Ratlosigkeit angesichts des Buchtitels wird für den Fall, dass die Wörter keine Synonyme sind, mit dieser Herangehensweise nicht beseitigt.

Als sei dies alles nicht schon kompliziert genug, gibt es auch noch Probleme bei der Übersetzung dieser Wörter zwischen den verschiedenen Sprachen, die von den Philosophen, die sich am ausgiebigsten mit diesem Thema befasst haben, verwendet wurden oder werden: Griechisch, Lateinisch, Deutsch, Englisch, Französisch, Holländisch.

Ein Beispiel:

Im „Historischen Wörterbuch der Philosophie", Hrsg. Joachim Ritter, Basel-Stuttgart, 1974, scheint „Affekt" der Begriff zu sein, der dem englischen „emotion" am ehesten entspricht: „Affekt (pathos, passio, Leidenschaft)" – so beginnt der Eintrag). Sind also „Affekt" und „pathos", „Affekt" und „Leidenschaft" Synonyme? So könnte es scheinen. Doch wird Kant diesen Eindruck später korrigieren.

Im „Dizionario di filosofia" von Nicola Abbagnano, Turin 1971, wird unter dem Eintrag „Emozione" genauer ausgeführt: „gr. Pathos; lat. Affectus o Passio; ingl. Emotion; franc. Emotion; ted. Affekt". Doch haben „emozione" und „passione" zumindest unter etymologischen Gesichtspunkten unterschiedliche Bedeutungen…

Abgesehen von diesen terminologischen und übersetzerischen Problemen gibt die „Encyclopédie Philosophique Universelle" (hg. v. André Jacob, Paris 1990) zum Begriff „émotion" die folgende Definition: „trouble simultané de l'âme et du corps". Darauf folgt sofort ein geschichtlicher Verweis: „L'émotion est définie par Descartes comme une agitation de l'âme; elle est une passion si elle est causée par le corps et une volonté si sa cause est l'âme elle même (*Les Passions de l'âme*, art. 27, 28, 29)". Eine klare und verständliche Definition, die jedoch sämtliche Probleme offen lässt, die Descartes in seinem Traktat zwar aufgeworfen aber nicht gelöst hat, darunter als erstes die Frage nach der Beziehung zwischen Körper und Seele. Aber auch der Frage danach, was die Seele ist (und daraus folgend, was der Wille ist, als Emotion der Seele) wird ausgewichen, indem man elegant und ungeniert vermittelt, sie sei überholt.

In der „Enciclopedia Garzanti di filosofia" (Ausgabe von 1981) liest man hingegen:

> emozioni: esperienze soggettive d'intensità rilevante, accompagnate sempre da modificazioni comportamentali ed espressive dell'organismo. Le emozioni non sono mai neutre, ma piacevoli (la gioia, la soddisfazione) o spiacevoli (la paura, la collera)
>
> [„Emotionen: subjektive Erfahrungen von ausgeprägter Intensität, stets begleitet von Änderungen im Verhalten und im Ausdruck des Organismus. Emotionen sind niemals neutral, sondern immer angenehm mit Lust (Freude, Zufriedenheit) oder Unlust (Furcht, Wut) verbunden]".

Auch diese Definition hat Vorzüge und Mängel. Wenn auch eine so problematische Entität wie die Seele keine Berücksichtigung findet, so wird doch das nicht gerade einfache Konzept der Subjektivität eingeführt; Emotionen werden als „objektiv" dargestellt, da sie im Verhalten und im Ausdruck sichtbar werden; zudem scheint das Auftreten von Emotionen von einem quantitativen Element abhängig zu sein: „l'intensità *rilevante*", der *ausgeprägten* Intensität. Was das wohl bedeutet? Es wird uns nicht erklärt, doch dieses „quantitative Element" stellt ein Problem dar, dass nicht so leicht loszuwerden sein wird. Die Definition weist zudem auf ein wesentliches Charakteristikum von „Passionen" hin: sie sind *stets* durch *Lust* oder *Unlust* gekennzeichnet. Und damit tauchen zusätzliche Fragen auf: Gibt es Lust (oder Unlust) ohne Emotion? Ist es möglich, Lust bzw. Unlust und Emotion vollkommen auseinanderzuhalten? *Wie können Lust und Unlust definiert werden?*

An diesem Punkt sollte angemerkt werden, dass Emotionen in diesen Begriffsbestimmungen implizit als etwas *typisch Menschliches*, also der Spezies „Homo sapiens" Zugehöriges verstanden werden.

Die zweite Herangehensweise könnte aus einer etymologischen Recherche bestehen. Es gibt jedoch eine ganze Reihe von Mechanismen, durch die Begriffe in der Umgangssprache manchmal eine ganz andere Bedeutung bekommen als sie sie ursprünglich hatten, ohne dass die umgangssprachliche Bedeutung deswegen falsch sein muss.

Auch wenn das Studium der Etymologie interessant ist und zum Verständnis der Bedeutungsentwicklung eines Begriffs benötigt wird, so ist dennoch nicht gesagt, dass uns die Etymologie dabei behilflich sein kann, die Beziehungen zu verstehen, die zwischen den drei fraglichen Begriffen bestehen (emotion, feeling, affect).

Was den Begriff „Emotion" betrifft, so bringt uns ein Versuch der Klärung mithilfe der Etymologie zwar nicht sehr weit, kann aber dennoch von Nutzen sein. „Emotion" bedeutet „von/aus Bewegung" (ex motu); also etwas, das aus Bewegung folgt oder das jedenfalls in enger Verbindung mit Bewegung steht. Hier kann man sich gleich die Frage stellen, ob „Bewegung" nur im eigentlichen oder (auch) im übertragenen Sinn zu verstehen ist.

Im eigentlichen Sinn wird Bewegung mit den Sinnen wahrgenommen: durch das Sehen registriere ich, wie sich der Stift über das Papier bewegt oder eine Fliege durch das Zimmer fliegt; vom Gehör wird das Geräusch eines über mich hinweg fliegenden Flugzeugs, das ich nicht sehe und das sich entfernt, als Bewegung interpretiert; mit dem Tastsinn nehme ich die Bewegung des laufenden Wassers beim Händewaschen wahr, und auch Geruchs- und Geschmackssinn können, auf ihre Weise, Bewegungen registrieren: ein starker Duft, der verfliegt, ein Geschmack, der langsam vergeht... Wir registrieren jedoch noch weitere Bewegungen, die nicht (wie die genannten Beispiele) außerhalb von uns stattfinden, sondern in unserem Inneren, in unseren Eingeweiden (vom Herzschlag bis zur Peristaltik des Darms, von Krämpfen bei einer Kolik bis hin zum Niesen), oder in den Muskeln, von Zuckungen bis hin zum Zittern... Auch diese Bewegungen sind nachweisbar (selbst wenn dies technisch manchmal nicht ganz einfach ist), und damit „objektiv".

Körperbewegungen können – zumindest was die Muskeln betrifft – bekanntermaßen willkürlich oder unwillkürlich, „autonom" erfolgen. Das ist nur eine grobe Unterscheidung und man könnte hier sicherlich einen neuen Diskussionsfaden eröffnen, der jedoch mit unserem Thema nur wenig zu tun hätte und den wir daher beiseite lassen. Es gibt jedoch auch noch andere Bewegungen: das Blut kreist im Körper, es bewegt sich also, jedoch nicht aus „eigenem Antrieb“ – nur um ein Beispiel zu nennen. Würden wir die Suche nach der Herkunft von „Emotionen“ nur auf diese Art von Bewegungen beschränken, so müssten wir schlussfolgern, dass sich „Emotion“ aus (aber nicht unbedingt nur aus) Bewegung „im eigentlichen Sinne“ herleitet oder (zumindest teilweise) daraus zusammensetzt ist.

Es ist jedoch offensichtlich, dass der umgangssprachliche Gebrauch dieses Begriffes sich nicht auf ein so einfaches und unbestimmtes Kriterium beziehen kann. Wenn dem so wäre, würde sich „Emotion“ zwingend als eine „Disposition“ erweisen, die jedem lebenden und zu Erfahrungen fähigen Organismus beständig innewohnt, und zwar nicht „als Potenz“ sondern als Akt – weil das Leben (auch das der Pflanzen oder der einfachsten Mikroorganismen) nicht denkbar wäre, wenn nicht in Form von Bewegung (wobei ich hier nicht an die unendliche Vielfalt von Bewegungen denke, die in jedem Moment bei den für die Aufrechterhaltung des Lebens unerlässlichen biochemischen Reaktionen unterschiedlichster Art auftreten, sondern ausschließlich an makroskopische (vielleicht sehr langsame) Bewegungen, die von einem externen Beobachter – gegebenenfalls mit dem geeigneten Instrumentarium – wahrgenommen werden können, oder (zumindest) von dem sie erfahrenden Subjekt). Die Bewegung, auf die sich die Etymologie bezieht, muss viel auffälliger sein, – „ausgeprägt“, wie es die Enciclopedia Garzanti ausdrückt – oder außergewöhnlich; es kann sich nicht um eine notwendige und ständig präsente Bewegung wie den Herzschlag handeln, und auch nicht um eine Bewegung, die manchmal nachlässt, sich aber auf bestimmte und vorhersehbare Stimuli hin zeitweise wieder in Gang setzt, wie zum Beispiel die Peristaltik. Ein derartiger Bezug würde aus der „Emotion“ ein banales, alltägliches und vorhersehbares Ereignis machen – was in klarem Widerspruch zu der Bedeutung steht, die dieses Wort im allgemeinen Sprachgebrauch hat.

Bleibt die Möglichkeit, dass es sich um eine außergewöhnliche Bewegung handelt – und hier scheinen wir auf der richtigen Fährte zu sein – wobei zwischen qualitativer und/oder quantitativer Außergewöhnlichkeit der Bewegung und Emotionsart eine kausale bzw. eine Proportionalitätbeziehung bestehen könnte.

Es sollte auch präzisiert werden, ob die fraglichen Bewegungen willkürlicher oder unwillkürlicher Art sein müssen oder ob sie sowohl willkürlich als auch unwillkürlich sein können. Bestimmte Bewegungen, die gewöhnlich als willkürlich betrachtet werden (Bewegungen, die von der quergestreiften, vom zentralen Nervensystem (ZNS) innervierten Skelettmuskulatur ausgeführt werden) können in bestimmten Situationen auch „unbeabsichtigt" erfolgen (z. B. wenn sie durch bestimmte Stimuli hervorgerufen werden (Reflexbogen), oder aber im Schlaf oder im Zusammenhang mit pathologischen Zuständen erfolgen, von Epilepsie über Chorea bis hin zu bestimmten Psychosen); die unwillkürlichen, viszeralen Bewegungen hingegen können nicht willentlich beeinflusst werden, außer vielleicht in Teilen und unter sehr spezifischen, wenn nicht gar vollkommen außergewöhnlichen Bedingungen (denkt man beispielsweise an die „Yogi", die ihre Herz- und Atemfrequenz auf ein Minimum senken können, etc.).

Wenn die Bewegung bei der Emotion willkürlich ist, so müsste sie, definitionsgemäß, vom Willen gesteuert oder zumindest moduliert sein. Die Emotion wäre demnach eine Funktion (auch) des Willens (was sehr verwirrend ist, wenn wir mit Descartes davon ausgehen, dass der Wille ebenfalls eine Emotion ist…). Ziehen wir nun das Wort in seinem umgangssprachlichen Gebrauch erneut zum Vergleich heran, so stellen wir fest, dass Emotion tendenziell als etwas vom Willen Unbeeinflusstes betracht wird. „Dem Herzen kann man nicht befehlen" lautet ein italienisches Sprichwort mit Bezug auf das Verliebtsein – einer (zumindest nach allgemein verbreiteter Ansicht) für das Gefühlsleben beispielhaften Situation. Noch weitere Redewendungen beziehen sich auf „unwillkürliche Bewegungen", die für das Gefühlsleben typisch sind: die „überlaufende Galle (cholé)" bei Zorn (it. „collera"), „Schweißausbrüche" oder Zittern vor Angst, das „bis zum Hals schlagende Herz" bei einem Schreck, das Erröten vor Scham, das in Ohnmacht fallen usw.

Auf der Grundlage des etymologischen Kriteriums kann der Begriff „Emotion" somit folgendermaßen eingegrenzt werden: unwillkürliche Bewegungen von außergewöhnlicher Intensität der vom autonomen Nervensystem innervierten Organe, wobei Bewegungen der normalerweise willentlich gesteuerten, der Kontrolle des Willens momentan jedoch entzogenen Muskulatur ebenfalls möglich sind.

Reicht dies aber für die Definition von Emotion? Offensichtlich nicht, sonst wären akute Gastroenteritis, Gallenkolik, Migräne und Asthma Emotionen. Auf eine Erörterung der eventuellen emotionalen Komponenten dieser pathologischen Zustände soll an dieser Stelle verzichtet werden: selbst wenn solche beteiligt sein sollten (was sicherlich möglich ist), würden es uns der umgangssprachliche Gebrauch der Termini und die Medizin deswegen noch lange nicht erlauben, sie mit Emotionen gleichzusetzen.

Dieses Kriterium könnte bei der Eingrenzung der Anzahl von Emotionen nützlich sein (für den Fall, dass man ein solches Ziel verfolgen sollte), doch stößt man bei seiner Anwendung schnell an die Grenzen der Praktikabilität. Denn natürlich tauchen sofort Fragen auf wie: ab welcher Frequenz des Herzschlags ist davon auszugehen, dass das Subjekt emotional bewegt ist? Und dies abgesehen von der Tatsache (was die Sache nicht gerade einfacher macht), dass die Herzfrequenz von einer ganzen Reihe subjektiver Variablen abhängt, beispielsweise vom Alter, von der sportlichen Fitness etc., wodurch die Anwendung solcher Kriterien zumindest sehr zweifelhaft erscheint, wenn nicht gar völlig hinfällig wird. Oder: ab welcher Schweißabsonderung kann man von emotionaler Bewegtheit sprechen? Ab welchem erhöhten Blutdruck? Usw.

Wenn also das Kriterium „auffällige viszerale Bewegung“ – zumindest zum jetzigen Zeitpunkt – noch nicht verworfen werden kann, so scheint es jedoch allein nicht ausreichend zu sein, um aus einem bestimmten Zustand eine Emotion zu machen. Bei diesem Kriterium könnte es sich aber um eine notwendige, alleine jedoch nicht ausreichende Voraussetzung handeln, immer vorbehaltlich der Tatsache, dass wir zur Eingrenzung der Bedeutung (bzw. Natur) des Worts „Emotion“ von der Etymologie ausgehen, was wir ja gerade tun.

Auch die Möglichkeit von „Bewegung“ *im übertragenen Sinn* gilt es noch zu ergründen. Sie eröffnet eine unendliche Anzahl von Szenarien. Gibt es überhaupt etwas, das nicht als Bewegung im übertragenen Sinn interpretiert werden kann? Jede Manifestation des Seelenlebens kann dem „Gedankenfluss“, dem Tumult der „Passionen“, oder weniger aufgeregt, dem Schlaf-Wach-Zyklus und den zirkadianen Rhythmen zugeordnet werden – alles Wörter (Fluss, Tumult, Zyklus, Rhythmus), die auf Bewegung hinweisen. Die Stimmung hebt und senkt sich, das Denken und die Sprache werden schneller oder langsamer, etc. Die Gedanken „machen Sprünge“ oder „schweifen ab“ oder „folgen einem roten Faden“, etc. Von der Umgangssprache (vielleicht die, die zählt, wenn man nicht eine Vielzahl von immer exklusiveren und unverständlicheren Fachsprachen entwickeln will) wird das Seelenleben als kontinuierliche Bewegung begriffen und sehr viele Verben, mit denen mentale Funktionen ausgedrückt werden, sind, zumindest etymologisch betrachtet, Verben der Bewegung: *wahrnehmen, erfahren, erfassen, heraufbeschwören, widerspiegeln, folgern, abstrahieren…*

Doch zu denken, mit Bewegung, wie sie etymologisch in „Emotion“ zu finden ist, sei eine Bewegung im übertragenen Sinne gemeint, würde bedeuten, das Wort genau so seines Sinnes zu entleeren wie zu denken, es sei eine beliebige körperliche Bewegung gemeint. Jeder Gedanke, jede mentale Handlung wäre eine Emotion.

Paradoxerweise könnten wir dieser Sichtweise zustimmen und schlussfolgern, dass alles Bewegung ist – sowohl im Körper als auch im Geist. Damit wird – falls das nötig sein sollte – die Aussage Pindars im Eingangszitat wieder einmal bestätigt. Ist es das, was Heraklit mit seinem sinnsprüchlichen „panta rhei“ sagen wollte? Nun, diese Schlussfolgerung könnte dazu führen, dass wir resignieren angesichts der unausweichlichen Zusammenführung aller Prozesse in dem einen „gemeinsamen Nenner“ eines Flusses, einer Bewegung, die alles in alles transformiert und alles aus allem entstehen lässt.

Doch ist dies nicht der Zweck einer Übung, deren Absicht nicht darin besteht, eine mehr oder weniger „große“ Vision des Kosmos zu vermitteln, sondern vielmehr begrenzte Phänomene, auch wenn diese allgegenwärtig und überaus häufig anzutreffen sind (wie die Emotionen), aus nächster Nähe zu betrachten.

Behalten wir also, zumindest vorläufig, das Kriterium der „auffälligen viszeralen Bewegung“ bei und verzichten solange auf eine genauere und nach Objektivität strebende Festlegung.

Nach William James (1884) manifestieren sich Emotionen mittels Signalen, die vom Beobachter wahrnehmbar sind und dank derer dieser in der Lage ist, den Gemütszustand der emotional bewegten Person zu erfassen. Jede Emotion verfüge demnach über eine „charakteristische *Signaletik*" dank derer sie dem Beobachter „kommuniziert" werde. Vielleicht ist es hilfreich anzumerken, wie sehr diese „Kommunikation" im folgenden Abschnitt von Seneca („De ira", Buch I, 1,4:) durch „Bewegung" erfolgt (meine Kursive):

> flagrant ac micant oculi, multus ore toto rubor *exaestuante* ab imis praecordis sanguine, labra *quatiuntur*, dentes *comprimuntur*, horrent ac *surriguntur* capilli, spiritus coactus ac stridens, articulorum *se ipsos torquentium* sonus, gemitus mugitusque et parum explanatis uocibus sermo praeruptus et *conplosae* saepius *manus* et *pulsata* humus pedibus et totum *concitum* corpus magnasque irae minas agens, foeda uisu et horrenda facie *deprauantium* se atque *intumescentium* – nescias utrum magis detestabile uitium sit an deforme.

Und wenn sie einen kommunikativen Wert haben, müssen wir uns fragen, ob dies nur für den Menschen gilt oder ob dies auch auf niedere Arten zutrifft, wo wir doch wissen, dass diese über verschiedene Kommunikationsmittel verfügen. Es ist ebenfalls wichtig herauszufinden, ob Emotionen eine eigene Stammesgeschichte haben, welche Bedeutung sie bei einfacheren Arten haben und welchen Ausdruck sie bei diesen finden, ob zwischen den Emotionen dieser Arten und denen des Menschen Kontinuität besteht, welche Emotionen von Beginn an vorhanden waren und welche hingegen beispielsweise das Vorhandensein eines komplexeren zentralen Nervensystems voraussetzen, um „erzeugt" und gelebt zu werden.

Einfache Organismen reagieren auf bestimmte Stimuli auf eine Weise, die vom Beobachter als „Furcht" interpretiert wird. So reagiert eine Muschel wie die Tridacna gigas auf ein plötzliches und unerwartetes Eindringen einer starken Wasserströmung damit, dass sie ihre Schalen schließt. Was ist das für eine Reaktion? Handelt es sich um einen Reflexbogen wie die Kontraktion des Musculus quadriceps femoris beim Menschen, wenn der Arzt mit einem Reflexhammer auf die entsprechende Sehne schlägt? Oder verfügt dieser Organismus über die Möglichkeit, „Gefahr“ wahrzunehmen und „Furcht“ zu fühlen?

Das englische Verb *„to startle“* eignet sich, um die Reaktion des Weichtiers zu beschreiben, bleibt dabei allerdings sehr allgemein (handelt es sich um eine automatische Reaktion? Hat es sich erschreckt? Ist es alarmiert? Spürt es eine Gefahr? Welchen Begriff hat es davon? usw.), dies aber dank seiner vielfältigen Bedeutungen, die alle plausibel sind, die alle mehr oder weniger passen, weswegen mit diesem Verb eine endlose Reihe von ähnlichen aber nicht identischen Situationen ausgedrückt werden können. Was hingegen offensichtlich ist, ist die Bewegung, die das Weichtier ausführt und die uns an unser Aufschrecken erinnert, wenn wir von einem unerwarteten Reiz überrascht werden. Die Bewegung „informiert“ uns über die „Emotion“. (Man könnte nun einwenden, die Bewegung des Weichtiers sei keine viszerale Bewegung, da sie zum Verschließen des Gehäuses führt; doch lässt sich bei einem so einfachen Organismus der „Körper“ von den „Eingeweiden“ nicht so leicht unterscheiden und eine Skelettmuskulatur ist selbstverständlich nicht vorhanden…).

Eine dritte Herangehensweise könnte in der historischen Betrachtung nicht so sehr des Wortes „Emotion“ selbst, sondern seiner Verwendung (oder scheinbaren Bedeutung) liegen. Woher kommen die Termini „Emotion“, „Gefühl“, „Affekt“, wer hat sie zuerst verwendet (und in welcher Bedeutung)? Auch diese Herangehensweise birgt Risiken: so könnte jeder Autor diesen Termini eine etwas andere Bedeutung zuschreiben als seine jeweiligen Vorgänger. Dadurch würde er seine Vorgänger jedoch weder delegitimieren, noch könnte er von sich behaupten, die Bedeutung dieser Termini ein für alle Mal definiert zu haben.

Eine vierte Herangehensweise – und die letzte, die hier in Betracht gezogen werden soll – könnte darin bestehen, das Problem einfach zu ignorieren und die Begriffe so zu verwenden, als sei ihre Bedeutung allen bekannt, ganz so, als würden durch die Verwendung der Umgangssprache sämtliche Verständnisprobleme gelöst – was ja tatsächlich auch geschieht, da normalerweise niemand auf die Idee kommt, seinen Gesprächspartner zu bitten, die Bedeutung von umgangssprachlichen Begriffen wie diesen doch einmal genauer zu erläutern. Streckenweise gewinnt man bei den zeitgenössischen Philosophen und Autoren der Beiträge in dem Band „Thinking about feelings" den Eindruck, als hätten sie genau diesen Weg gewählt.

Doch die Verweise auf Darwin, auf James und Lange (in den ersten Beiträgen), auf Descartes, Aristoteles, die Stoiker und viele andere antike und moderne Denker (in den anschließenden Beiträgen) korrigieren diesen Eindruck und verleihen dem Thema wieder seinen (unverzichtbaren) historischen Hintergrund, der durch weitere Verweise auf die Werke von Antonio Damasio, Paul Ekmann und die vieler weiterer Neurowissenschaftler, Psychologen und Philosophen eine starke Aktualisierung erfährt.

Auf eine „geschichtliche Betrachtung" kann daher nicht verzichtet werden.

Doch bevor ich mich in dieses „mare magnum" stürze, scheint es mir ratsam, innezuhalten und festzustellen, was ich angesichts der Informationen, die mir schon zur Verfügung stehen und der Überlegungen, die ich daraus ableiten kann, zum Thema „Emotionen" bereits zu sagen in der Lage bin. Ich werde diese Überlegungen als „naive Betrachtung" bezeichnen. Erst im Anschluss daran, und nur im Rahmen des für diese Arbeit Notwendigen, werde ich versuchen, den *Begriff* „Emotion" (also nicht nur das Wort, das viel moderner ist) und seine Verwendung seit den ersten verfügbaren Zeugnissen erneut zu beleuchten, um dann meine Schlussfolgerungen zu ziehen.

Die naive Betrachtung

Allen ist klar, was eine Emotion ist. Wir alle haben im Laufe eines Tages welche. Wir sind uns dessen bewusst, weil uns die Emotion (egal welche) auf irgendeine Weise verändert. Sie holt uns aus dem Zustand heraus, in dem wir uns bis dahin befanden. Mit ihr geht also notwendigerweise eine Veränderung gegenüber dem bis dahin bestehenden Zustand einher.

Unsere „Veränderung“ ist jedoch nicht mit der Definition von „Emotion“ gleichzusetzen; sie zeigt uns vielmehr eine mögliche Eigenschaft dessen auf, was wir als „Emotion“ betrachten: dass es sich um eine *Erfahrung* handelt, etwas, von dem wir wissen, dass wir es erleben (auch wenn es uns nicht immer ganz klar ist und wir sie nicht immer benennen können), sowohl während wir sie erleben als auch – in manchen Fällen – erst nachdem sie vorbei ist; außerdem etwas, das wir in der Lage sind vorwegzunehmen. Und schon gestalten sich die Dinge wieder erheblich komplizierter, weil wir feststellen, dass es gegenwärtige Emotionen gibt, vergangene Emotionen und Emotionen, die wir vorhersehen können; und dass die Erinnerung an vergangene Emotionen genauso wie die Vorwegnahme zukünftiger Emotionen wiederum eine Emotion begründen könnte.

Und was wäre das für eine Emotion? Das hängt von der Emotion ab, die wir bereits erlebt haben oder die wir für die Zukunft erwarten. Die Erinnerung an eine schöne Emotion könnte man als Nostalgie bezeichnen (oder vielleicht auch als Bedauern); die Erinnerung an eine ungute Emotion als Unbehagen, Qual, Verlegenheit... Die Vorwegnahme einer schönen Emotion entspricht Hoffnung, Vertrauen oder Begehren/Verlangen, die einer unguten Emotion Furcht, Unruhe, Misstrauen.

Die Möglichkeit, sich einer Emotion erinnern oder sie vorwegnehmen zu können, impliziert auf der anderen Seite ihre entsprechende Kodierung in der Erinnerung und ihre kognitive Verankerung, dank derer wir in der Lage sind, uns an sie zu erinnern / sie vorwegzunehmen und Erinnerungen bzw. Vorwegnahmen von Emotionen als „mit dem Original übereinstimmend“ wiederzuerkennen. Dies geschieht, davon gehe ich aus, in den allermeisten Fällen bei Personen, die nicht unter bestimmten psychischen Störungen leiden.

Diese einfachen Beobachtungen weisen schon darauf hin, dass es nicht möglich ist, Emotionen als von anderen Aspekten der Psyche isolierte Phänomene zu betrachten. Was bliebe von der Emotion übrig, ohne Erinnerung und ohne Kognition (und zu dieser müsste man noch lange Ausführungen machen)?

Es scheint mir nicht unangebracht, an dieser Stelle zwei kurze „klinische Fallbeschreibungen“ vorzustellen, die, in groben Zügen, die umgekehrte Situation illustrieren (Trennung von Emotion und Kognition) und die beide pathologische Zustände darstellen. Ich nehme damit Aspekte vorweg, auf die ich später genauer eingehen werde.

Beispiel 1

Emotionen „ohne kognitive Beteiligung“

Joanna, 21 Jahre alt, stationär in der medizinischen Abteilung untergebracht, erholt sich von einem größeren chirurgischen Eingriff. Ihr ist aufgrund eines sehr stark erhöhten Risikos der malignen Entartung einer familiären Polyposis, an der zwei Jahre zuvor ihr Vater verstorben war, der gesamte Dickdarm entfernt worden. Des Weiteren leidet Joanna unter einer sehr schweren „emotional instabilen“ Persönlichkeitsstörung, die dazu geführt hat, dass sie seit ihrem 14. Lebensjahr immer wieder in die Psychiatrie eingewiesen worden ist (meist im Wege der Zwangseinweisung); Joanna macht massiv Gebrauch von Drogen, insbesondere von Kokain; sie hat ihre schulische Laufbahn nach der Mittelstufe abgebrochen und führt seit Jahren ein unregelmäßiges Leben, tyrannisiert ihre Mutter, streitet aufs Heftigste mit der Schwester (die unter denselben Störungen leidet), hat ständigen Umgang mit Schwerstdrogenabhängigen, mit denen sie „in den Tag hinein lebt“. Sie ist promiskuitiv, mit Männern und (bevorzugt) mit Frauen. Bei der ersten

Begegnung mit ihr schrie sie „Bringen wir sie um!“, womit sie die Kollegin meinte, die sich um sie kümmerte. In den darauffolgenden Gesprächen stelle ich fest, dass Joanna so gut wie unfähig ist, Augenkontakt zu halten, mehr als zwei Sekunden in der selben Position zu verbringen und ihre Aufmerksamkeit auf etwas anderes als ihr Mobiltelefon zu richten, mit dem sie ständig aufgeregt SMS versendet. Doch was am meisten auffällt ist ihre Unfähigkeit, einen vollständigen und sinnvollen Satz zu formulieren. Ihre Sprache besteht im Wesentlichen aus Unflätigkeiten, einer Aneinanderreihung von obszönen Wörtern, die sie im Tonfall von Wut, Verachtung, Ekel…, jedoch ohne erkennbaren Zusammenhang, hervorbringt. Es wird Monate dauern, bevor ein explizites kognitives Element in ihrer Rede erkennbar sein wird.

Beispiel 2

„Kognition unter Abspaltung von Emotionen“

Margherita, 40 Jahre alt, kommt aus einer großbürgerlichen Familie in einer italienischen Großstadt, hat einen Hochschulabschluss, wurde seit ihrer Kindheit innerhalb der Familie sexuell missbraucht, was ihr gegenüber immer als „normale aber private Angelegenheit“ dargestellt und daher vor dem Rest der Welt vollständig geheim gehalten wurde, so dass sie sich als Heranwachsende in ein sehr promiskes und perverses Sexualleben gefügt hat. Mit 35 Jahren, nach dem Tod der einzigen Schwester (durch ein Lymphom), die drei Jahre älter war und ebenso von dem Missbrauch betroffen, wird ihr der pathologische Charakter ihrer gesamten Lebensumstände plötzlich bewusst. Sie verlässt ihre Familie, zeigt die Täter an, ändert ihren Lebensstil radikal und von einem Tag auf den anderen. Sie beginnt eine Psychotherapie und verblüfft mich durch die kühle Nüchternheit, mit der sie die eigene Situation analysiert und beurteilt, wobei sie weder gegenüber den Tätern noch gegenüber sich selbst Nachsicht zeigt und sich ihrer Mitverantwortung wohl bewusst ist. Etwa zwei Jahre lang haben ihre Emotionen in der Therapie nur wenig Gelegenheit, sich zu manifestieren.

Eines Tages ruft sie an, „ein Notfall“ (etwas, das vorher noch nie geschehen war): eine ganze Reihe von plötzlich aufgetretenen körperlichen Beschwerden lassen sie fürchten, ernsthaft erkrankt zu sein. Ich finde heraus, dass sie nach zwei Jahren erstmals wieder telefonischen Kontakt mit ihrer Mutter hatte, die den fortgesetzten Missbrauch, an dem sie selbst beteiligt war, negiert bzw. zumindest kleinredet.

Die Patientin hatte große Wut auf ihre Mutter, war sich dessen jedoch nicht bewusst; es gelang ihr nicht, die körperlichen Symptome und die Emotion, die von ihr auf der psychischen Ebene nicht wahrgenommen wurde bzw. „namenlos war“, miteinander in Verbindung zu bringen. Die kognitiv-rationale Seite war bei dieser äußerlich so distanziert und kühl wirkenden Frau sehr ausgeprägt, die Fähigkeit des „körperlichen Ausdrucks“ mittels „Bewegungen“ verschiedener Art war vorhanden, es fehlte jedoch die Fähigkeit, eine Verbindung zwischen der Wahrnehmung des Verhaltens ihrer Mutter und dem Auftreten der körperlichen Beschwerden herzustellen. Das Gefühl als solches war, wenn nicht „abwesend“ so doch nicht erkennbar.

Ohne eine einzige Emotion genauer untersucht zu haben lässt sich also zusammenfassen, dass sich ihre Anzahl dank der Möglichkeiten, sie nachzuleben und sie vorwegzunehmen, vervielfacht hat; dennoch haben wir immer noch nicht begriffen, was eine „Emotion“ ausmacht. Im Gegenteil, wir sehen uns gleich mit einem neuen Problem konfrontiert: sind diese Emotionen – und die anderen, die ich bei der Untersuchung meines Seelenzustands aufzählen könnte – allesamt „Erfahrungen“ der gleichen Art?

Betrachtet man sie als Erfahrungen – und nur als Erfahrungen – dann ja. Doch das hilft uns nicht dabei, sie von anderen Erfahrungen zu unterscheiden, bei denen uns nicht im Traum einfallen würde, sie zu den „Emotionen“ zu zählen: eine einfache Sinneswahrnehmung wie das Klickgeräusch der PC-Tastatur; das Sehen des weißen Bildschirms, bevor ich mit dem Schreiben beginne; ein physiologischer Reiz; das Sich-Erinnern an eine unwichtige Adresse oder Telefonnummer; eine leichte Kopfrechnung…

Und schon sind wir in Schwierigkeiten. Es ist uns bisher nicht nur nicht gelungen zu definieren, was Emotionen sind, sondern wir zweifeln auch noch, ob sie überhaupt alle der gleichen Gattung angehören. Vielleicht langt es einfach nicht, sie, sobald sie Teil unseres Erfahrungsschatzes werden, nach und nach aufzuzählen. Wir würden sie damit zwar „bezeichnen", jedoch nicht ausreichend charakterisieren. Abgesehen von der Tatsache, dass sie erfahren werden, müssen Emotionen noch weitere gemeinsame Eigenschaften aufweisen, bestimmten definitorischen „Kriterien" entsprechen.

Bis jetzt kann festgestellt werden:

a) Emotionen sind Erfahrungen (doch nicht alle Erfahrungen sind Emotionen) und zeigen sich daher im Lebenden; bestimmte Ereignisse – z. B. ein Sonnenaufgang – ereignen sich völlig unabhängig von der Präsenz eines Beobachters, doch nur der Beobachter macht daraus eine Erfahrung – nicht notwendigerweise jedoch eine Emotion.

Wenn Emotionen Erfahrungen sind und nur bei Lebewesen auftreten können, so ist nicht gesagt, dass Erfahrungen deshalb nur dem Menschen vorbehalten sind. Vielleicht kann es uns also helfen festzustellen, ab welchem Lebewesen, ab welcher Stufe der biologischen Organisation diese Erfahrungen gemacht werden können und in welcher Form (und hier nehme ich wieder Bezug auf das oben kurz angeschnittene Problem der kommunikativen Funktion von Emotionen).

Es ist klar, dass wir uns, wenn wir diesen Weg weiter beschreiten, vom philosophischen Terrain wegbewegen, um das der Naturwissenschaften zu betreten. Aber war nicht die Philosophie in ihren Anfängen eine Naturwissenschaft, „περὶ φύσεως"? Die Frage, ob ein einfacher Organismus Emotionen empfinden kann, bedeutet demnach keine Abkehr von, sondern eine Rückkehr zu den Ursprüngen, zu den Vorsokratikern und zu Aristoteles, der sich fragte, welche Empfindungen ein Wesen wohl erlebt, wenn es so primitiv ist, dass es außer dem Tastsinn keinen anderen Sinn besitzt.

Kann eine Pflanze Emotionen empfinden? Die Frage mag manchen müßig erscheinen, doch ist sie es vielleicht nicht. Einmal abgesehen von den verbreiteten jedoch wissenschaftlich unhaltbaren Theorien, nach denen es Zier- und Zimmerpflanzen zuträglich sein soll, wenn man mit ihnen „spricht", kann man sich fragen, ob deren Streben in Richtung des Lichts oder ihre Suche nach Nahrung und Wasser in der Tiefe des Bodens nicht schon eine Form von „ὄρεξις" oder „appetitus" darstellt, um Termini zu verwenden, die eigentlich dazu bestimmt sind, Fähigkeiten von weit komplexeren Wesen zu bezeichnen. Ganz sicher ist es ein Ausdruck von „Kraft" oder eines „Selbsterhaltungstriebs", Konzepte, die unter der Bezeichnung „Conatus" oder „Force" schon bei Spinoza und Leibniz eine wichtige Rolle spielten. Wenn man in diesem Fall noch nicht von Emotionen sprechen kann, so ist vielleicht nicht auszuschließen, dass es sich schon in diesem Stadium um eine „conditio sine qua non" für die Manifestation zukünftiger Emotionen handelt: *ein Lebewesen, das bestrebt ist, weiterzuleben.*

Und was ist mit den einfachsten Tieren? Auch die Protozoen scheinen Gefahren zu erkennen und in solchen Fällen ihr Heil in der Flucht zu suchen. Sicher, solche Aktivitäten erscheinen uns als „Automatismen"; es ist aber nicht unwahrscheinlich, dass sie den „ursprünglichen Kern" und „das Modell" darstellen für komplexere aber funktionell homologe Verhaltensweisen von fortgeschritteneren Organismen, einschließlich des Homo sapiens.

Diesbezüglich lohnt es sich, an den Beitrag von Eric Kandel in „Psychiatry, Psychoanalysis and the New Biology of Mind" zu erinnern. Im vierten Kapitel mit dem Titel „From Metapsychology to Molecular Biology. Explorations Into the Nature of Anxiety" (S. 124) schreibt er im Zusammenhang mit seinen Studien zur Meeresschnecke Aplysia:

> If learning in humans and other higher animals involves the establishment of certain cognitive structures, why are aspects of such cognitive mechanisms likely to be similar in humans and in simple animals like the snail *Aplysia?* One good reason for believing that this would be the case lies in the consequences of adaptation to evolutionary pressure. Animals that differ greatly in habitat and heritage nonetheless face common problems of adaptation and survival, problems for

which learning and flexible decision making are useful. When different species face a common environmental constraint, they often manifest homologous patterns of adaptation because a successful solution to an environmental challenge, first evolved in a common primitive ancestor, will continue to be inherited as long as it remains useful and the selective pressure is present.

Auch nach diesem Modell scheint die Angst (Furcht, Ängstlichkeit...) eine besonders interessante Emotion zu sein, vielleicht die am meisten verbreitete, die grundlegendste, die „ursprünglichste“. Wenn man davon ausgeht, dass sie der Erhaltung des Individuums, seiner Sicherheit „dient“, ist das auch plausibel. Sie ist für den „Lebenserhaltungstrieb“ nützlich, zweckmäßig und ergänzt ihn. Dank der Furcht und der entsprechenden Reaktionen, die aus ihr folgen, bringt sich das Individuum (Protozoon, Aplysia oder Homo sapiens) in Sicherheit. Doch reicht dies noch nicht aus, um die Erhaltung der Art zu sichern; die Aplysia (und auch alle anderen Organismen) könnte durch „Angst“ alleine nicht lange überleben, würde sie sich nicht ernähren. Ist auch der Hungerreiz als Emotion zu betrachten? Und wie wäre es den Raubtieren möglich, ihren Hunger zu stillen, wenn sie nicht über eine andere (mutmaßliche) Emotion verfügten, die Aggressivität? Diese ist bei Raubtieren vielleicht nichts anderes als eine Abfolge von für das Überleben notwendigen Verhaltensweisen; aber beim Menschen (und diesbezüglich könnte man lange und ausgiebige Diskussionen führen) ist sie – schon aus kulturellen Gründen – ohne Emotion nicht vorstellbar. (N.B. Hunger und Aggressivität werden von Derek Denton zu den Emotionen gezählt, vgl. „Les émotions primordiales et l’éveil de la conscience“, 2005).

An diesem Punkt sollte die Betrachtung der Emotion als Erfahrung eines einzelnen Subjekts um den Aspekt der möglichen Folgen für die das Subjekt umgebende Umwelt erweitert werden. So wirkt sich Furcht, abgesehen von dem Individuum (bzw. den Individuen), die sie erleben, nicht notwendigerweise auch auf andere Individuen aus; sie kann durch externe Faktoren veranlasst sein (und ist es in aller Regel auch), doch ihre Folgen beschränken sich, oder können sich zumindest beschränken, auf das Subjekt, das sie erfährt. Nicht so – auch hier wieder

„in der Regel" – die Aggressivität, die sich gegen etwas oder jemanden richtet: gegen die Beute oder gegen den Rivalen um die Herrschaft über die Gruppe und um den „Besitz" der Weibchen, etc. Wenn die Aggressivität auf der einen Seite für das Überleben eines hungrigen Fleischfressers von fundamentaler Bedeutung sein (und seinem „Lebenserhaltungstrieb" dienen) kann, und in diesem Sinne etwas „Positives" ist, so führt sie auf der anderen Seite zur Vernichtung der Beute und ist von daher betrachtet etwas „Negatives".

Und somit stehen wir einem weiteren Problem gegenüber: dem des „moralischen Werts" von Emotionen. Natürlich hängt dieser Wert ganz von der Werteskala des bewertenden Subjekts ab. Soviel wir wissen hat nur die Spezies „Homo sapiens" (intersubjektive) Werteskalen entwickelt, nach denen die einzelnen Emotionen mehr oder weniger positiv konnotiert sind, auch wenn es möglich ist, dass andere Spezies Verhaltensweisen an den Tag legen, die *scheinbar* von „moralischen" Werten bestimmt werden, wie beispielsweise die Verteidigung des Nachwuchses oder das „soziale" Verhalten bei bestimmten Insektenarten. Auf der einen Seite ist es unangebracht, solche Verhaltensweisen zu vermenschlichen, indem man ihnen eine Natur und eine Zielgerichtetheit zuschreibt, die sie nicht haben. Wenn man nicht wieder zu einer anthropozentrischen Sichtweise zurückkehren will, ist es jedoch sicherlich genauso unangebracht, diese schon bei einfacheren Spezies zu beobachtenden Phänomene als gänzlich irrelevant für die Erklärung/das Verständnis dessen abzutun, was beim Menschen passiert. Darüber nachzudenken, was bei den einfacheren Spezies passiert, könnte uns, so meine ich, die Aufgabe erleichtern, nicht nur Art und Sinn von Emotionen zu verstehen, sondern auch den Ursprung ihres „Werts" (von besonderem Interesse scheint mir in diesem Zusammenhang das Studium des Verhaltens bei der Nachwuchspflege und des damit einhergehenden Phänomens des „attachment" zu sein, die Untersuchung der Ausbildung von hierarchischen Strukturen innerhalb von sozialen Gruppen und des Phänomens der „Trauer" in den Fällen, in denen sich ein entsprechendes Verhalten zeigt, wie etwa beim Dsungarischen Zwerghamster *Podopus sungorus* – 7).

Diese Untersuchungen könnten uns zudem helfen herauszufinden, aus welchen Emotionen sich die, nennen wir es, „emotionale Mindestausstattung" zusammensetzt, Emotionen die, da sie zu den elementarsten und primitivsten gehören, auch von den einfachsten Organismen benötigt werden und somit stammesgeschichtlich am archaischsten sind. Ein wichtiger Punkt diesbezüglich ist, dass wir die emotionalen Erfahrungen anderer Spezies nur beobachten können, weil diese sie mittels charakteristischer Bewegungen (nicht nur viszeraler Art) ausreichend klar und deutlich, auf ausdrucksvolle und kommunikative Weise äußern: Flucht, Angriff, spielerische Bewegungen, Balzrituale etc.

Aus der Feststellung des „moralischen Werts" von Emotionen ergibt sich sowohl auf individueller als auch auf sozialer Ebene zwingend das Problem ihrer Erwünschtheit und Zulässigkeit je nach gegebener Situation, und damit auch das ihrer Kontrolle (Erziehung, Mässigung, Beeinflussbarkeit).

Dass die verschiedenen Emotionen vom Vorhandensein eines mehr oder weniger komplexen ZNS abhängig sind, dürfte klar sein. Doch wenn es stimmt, dass Personen mit Rückenmarkläsionen, mit denen eine starke Reduzierung aller von der Peripherie des Körpers kommenden neuronalen Afferenzen einhergeht, Emotionen in gedämpfter Form oder sogar qualitativ ganz anders erleben, dann kann das ZNS nicht der einzige Schlüssel sein.

Das Problem besteht darin, dass mit zunehmender Komplexität des ZNS auch die Möglichkeiten zunehmen, Informationen auf unterschiedliche Weise zu verarbeiten, die sowohl von Außen als auch aus dem Inneren des eigenen Körpers stammen, mehr noch, sogar „aus dem Inneren des eigenen Geistes" (denken wir an die Emotionen, die wir in uns mit Hilfe unserer Phantasie oder von Erinnerungen hervorrufen können), wobei sich die „Emotionen" immer weiter diversifizieren und „personalisieren". Dadurch wird es immer schwieriger, ein definitorisches Kriterium zu finden, das dem Anspruch der Objektivität genügt. Das Kriterium der „auffälligen viszeralen Bewegung" ist in der Tat ungenau. Wie „auffällig" muss sie sein? Man könnte beispielsweise erfordern, dass sie vom Subjekt als ungewohnt oder heftig empfunden wird, und dass sie von begrenzter Dauer ist (wie lange?), also nicht nur augenblicklich, wie es beispielsweise ein Schluckauf oder ein Hustenanfall wäre.

Wir können uns allerdings nicht alleine auf die stammesgeschichtlich ältesten Emotionen stützen und die jüngeren, die ein entwickeltes ZNS voraussetzen, vernachlässigen; gingen wir so vor, könnten wir nur Furcht, Appetit/Aggressivität und vielleicht noch den Sexualtrieb zu den Emotionen zählen, und dies auch nur mit Vorbehalten. Die Entwicklung des ZNS eröffnet jedoch nicht nur neue motorische, perzeptive und kognitive Möglichkeiten; sie ermöglicht ebenfalls eine größere Vielfalt in der Art und Weise, wie die Beziehung zur Umwelt, zu den Artverwandten und zu sich selbst gelebt wird, und die – wegen der Stimuli und der intersubjektiven Reaktionen, die daraus folgen – enger mit dem Sozialleben verknüpft und qualitativ heterogener sind. Die Entwicklung neuer Nervenbahnen ist vielleicht die Voraussetzung für die „Entdeckung" oder (vielleicht) besser noch für die *Erfindung* neuer Emotionen, deren Aufzählung sich sehr in die Länge ziehen kann, je weiter man sich von einer Definition entfernt, die sich auf das „grundlegende" Kriterium der „auffälligen viszeralen Bewegung" stützt.

Ein Indiz in diese Richtung liefert uns das Lachen (vorausgesetzt, dass es sich dabei um eine Emotion handelt, was umstritten ist und von Bergson in „Le rire, essai sur la signification du comique", 1900 explizit bestritten wird). *Wenn* es stimmt, dass der Mensch das einzige „Tier" ist, das lachen kann (schon Darwin bezweifelte dies und kürzlich gemachte „Entdeckungen" scheinen diese Ansicht ebenfalls zu widerlegen), muss er notwendigerweise über eine entsprechende Nervenstruktur verfügen, die alle anderen Organismen nicht haben, oder es muss sich beim Menschen eine „neue" Funktionsweise bei einer oder mehreren dieser Strukturen herausgebildet haben. Dies könnte tatsächlich der Fall sein (Celio et al.).

Was genau ist „das Lachen", die Heiterkeit?

Wie mir scheint wird das Lachen im Zusammenhang mit Emotionen von keinem der Autoren der Beiträge in dem Band „Thinking about feelings" erwähnt. Dennoch weist das Lachen die Eigenschaften auf, die nach unseren bisherigen Erkenntnissen charakteristisch für Emotionen zu sein scheinen. Mit ihm einher geht eine auffällige und unwillkürliche motorische Aktivität (auch wenn diese zum großen Teil von durch das ZNS innervierten und daher definitionsgemäß „willkürlichen“ Muskeln ausgeführt wird), durch die eine bestimmte Mimik bedingt wird, ein unverwechselbarer Ausdruck sowohl des Gesichts als auch des gesamten Körpers, ein spezifischer Geisteszustand (der sich – vielleicht – aus der Überraschung und dem plötzlichen Abfall von Anspannung ergibt?), der kognitive und bewertende Aspekte aufweist. Insbesondere bei den „schweren Fällen“ von Lachen fehlen auch die vegetativen Symptome nicht: man lacht, „bis die Tränen kommen“ oder man „macht sich vor Lachen in die Hose“. Und das Lachen scheint, viel mehr als so komplexe und unscharfe Emotionen wie Dankbarkeit, Reue, Gerührtheit, Groll usw. (immer vorausgesetzt, dass es sich dabei um Emotionen handelt, was – wie bereits gesagt – eine Frage der Definition und der Sichtweise ist), eine „passio“ im etymologischen Sinne des Worts zu sein, etwas, von dem das Subjekt „geplagt“ wird, das sich ihm geradezu aufzwingt. Dies gilt insbesondere dann, wenn man in unangebrachten Situationen lachen muss, wenn man Opfer eines Lachanfalls („fou rire“) wird oder einen das Lachen anderer ansteckt.

Warum also wird das Lachen in der Umgangssprache nicht zu den Emotionen gezählt?

Obgleich das Lachen – wie es scheint – etwas ausschließlich Menschliches ist, so ist es, nach allem was wir wissen, nicht die einzige Emotion dieser Art; zwar können wir bei bestimmten Tieren das Vorhandensein komplexer Emotionen wie Trauer oder Traurigkeit und Fröhlichkeit/Zufriedenheit erahnen (vielleicht interpretieren wir aber auch nur etwas in diese Verhaltensweisen hinein, weil sie denen entsprechen, die wir unter bestimmten Umständen an den Tag legen). Doch ist es (wie mir scheint) undenkbar, bei ihnen bestimmte andere Emotionen festzustellen, wie beispielsweise Mitgefühl (von Hilfeverhalten gegenüber Artverwandten, die sich in unmittelbarer Nähe in Schwierigkeiten befinden zu unterscheiden) oder ästhetischen

Genuss bei der Betrachtung eines Kunstwerks (anders könnte sich die Sache bei Musik verhalten, wenn es stimmt, dass Hühner, wenn sie Mozart „zuhören", mehr Eier legen…).

Für diese Emotionen scheinen wir jedoch nicht über ein „ad-hoc"-Nervenzentrum zu verfügen. Mitgefühl und ästhetischer Genuss (sowie andere Emotionen) sind wahrscheinlich an spezifische jedoch nicht exklusive Hirnstrukturen gebunden.

Was also macht aus dem Lachen einen Sonderfall? Vielleicht die Tatsache, dass es gleichzeitig „einfach" und „komplex", primitiv und entwickelt ist. Einfach ist es wegen seines Ungestüms und seines *„Passion-Charakters"*, der sich der „Seele" aufdrängt; komplex wegen seiner kognitiven und bewertenden Aspekte; primitiv weil es eher – wie im Falle des „fou rire" – „von alleine" oder durch „Ansteckung" ausbricht als in Folge von Nachahmung oder Einfühlung; entwickelt weil es, abgesehen von der Voraussetzung eines „neuen" Nervenzentrums oder nervlichen Prozesses, in den meisten Fällen von einer mentalen Vorbereitung abhängt, von einem Prozess, der unerwartet, überraschend und „unpassend" in der Auslösung einer heiteren Reaktion mündet. Das Lachen – und vielleicht besteht darin seine Einzigartigkeit – hängt in der Regel von einer ganzen Reihe von Bedingungen ab, wie dem Anerkennen, der Einschätzung (Bewertung) einer Situation und von Fähigkeiten wie Humor, etc.

b) Emotionen beziehen sich auf den gegenwärtigen, einen vergangenen oder einen zukünftigen Moment, und je nachdem, auf welchen zeitlichen Moment sie sich beziehen, ändert sich – wenigstens – ihre sprachliche Charakterisierung, und sie werden kompliziert; die Erinnerung an eine Freude ist nicht (die selbe) Freude (sondern kann sogar Traurigkeit sein: „Nessun maggior dolore che ricordarsi del tempo felice nella miseria", Dante, Göttliche Komödie, Hölle, V, 121–123), und die Vorwegnahme einer Furcht ist nicht die Furcht, die man in der Vergangenheit empfunden hat; sie unterscheidet sich von der „aktuellen" Furcht und wird zum Beispiel als Bangigkeit oder Befürchtung bezeichnet…

Beim Versuch einer Beschreibung von Emotionen ist abgesehen vom Parameter „Zeit“ (Gegenwart, Vergangenheit, Zukunft) auch der Parameter „Dauer“ von Bedeutung. Eine Emotion von uneingeschränkter Dauer wäre unvereinbar mit dem, was allgemein unter dem Begriff verstanden wird. Länger anhaltende emotionale Zustände werden in der Umgangssprache anders bezeichnet als die Emotion, durch die sie charakterisiert werden: ein endloser Angstzustand ist schwer vorstellbar – es sei denn, man nimmt an, dass jemand, der sich in einem solchen Zustand befindet, an chronischer Angst oder, gegebenenfalls, an paranoiden Ängsten leidet; im einen wie im anderen Fall spricht man jedoch nicht mehr von „Emotionen“ (und dies nicht nur aufgrund der exzessiven Dauer), sondern von pathologischen Zuständen. Eine endlose Wut ist nicht vorstellbar, außer in Dantes Hölle oder einer anderen fantastischen Welt. Doch ein jähzorniges, cholerisches Temperament, das gibt es. So könnten noch weitere Beispiele angeführt werden.

Dennoch sind wir noch weit davon entfernt, eine Definition für „Emotion“ aufgestellt zu haben.

Jetzt frage ich mich, ob es stimmt, dass:

c) sich Emotionen auf etwas beziehen. Unter all den Emotionen, die ich aufzuzählen mich bemühe und die zu meinem Erfahrungsschatz gehören, gibt es keine, die sich nicht auf ein „Objekt“ bezieht (das auch eine Situation sein kann oder mein eigenes Wesen…), unabhängig davon ob dieses Objekt realer oder imaginärer Art ist, möglich oder unmöglich, sinnlich oder geistig. In diesem Sinne ist es, wie ich meine, gerechtfertigt zu sagen, Emotionen seien „intentional“. Doch behaupte ich dies auf der Grundlage *meiner* Erfahrung. Es gibt Situationen, die an der Absolutheit dieser Regel Zweifel aufkommen lassen; die bekannteste darunter ist wohl die Panikattacke.

Nach Aussage derjenigen, die eine solche schon erlebt haben, ist die Panikattacke durch eine äußerst heftige und intensive Emotion gekennzeichnet, bei der das Subjekt akute Angst hat, zu sterben oder verrückt zu werden (körperlicher Tod oder „Tod des Ichs“). Sie tritt in der Regel ohne einen offensichtlichen, erkennbaren äußeren Anlass auf – zumindest das erste Mal, da ihr Auftreten danach durch Ähnlichkeiten zwischen den Umständen der ersten Attacke und denen der folgenden hervorgerufen werden kann (nicht umsonst wurde das Auftreten einer Panikattacke dem schelmischen Gott Pan zugeschrieben: es gibt keine rationale Ursache, nur die Laune einer halbtierischen Gottheit. So beispielsweise im klassischen Fall der Agoraphobie mit Panikattacke: wenn die Attacke zum ersten Mal auf einem großen Platz auftritt, so wird der Platz (bzw. alle offenen Plätze und/oder überfüllten Orte) zu einem Stimulus, der geeignet ist, weitere Attacken auszulösen. Die Panikattacke kann jedoch in vielen verschiedenen Situationen auftreten, ohne dass zwischen diesen ein Zusammenhang ersichtlich ist. Selbst ein plötzliches Auftreten im Schlaf ist möglich. Definitionsgemäß gehen eine ganze Reihe heftiger körperlicher Symptome mit ihr einher. Sie beginnt typischerweise mit Herzklopfen und anderen vegetativen Störungen. Erst im Anschluss daran (wenn auch sehr schnell) kommt die Vorstellung einer (lebens-) bedrohlichen Gefahr hinzu, wodurch sich das Gesamtbild von Furcht oder Panik ergibt. Ohne die entsprechenden körperlichen Symptome wäre es zweifellos unmöglich, oder zumindest sinnlos, von einer Panikattacke zu sprechen. Genauso wenig denkbar ist es, dass die entsprechende mentale Vorstellung ohne die körperlichen Symptome entsteht, bestehen bleibt oder einen Sinn haben könnte.

Man könnte daher meinen, dass es sich bei der Panikattacke zunächst um ein somatisches (nicht psychologisches sondern physiologisches/pathophysiologisches) Geschehen handelt und dass die Symptome der intentionale Gegenstand der Emotionen sind, zu denen diese sich dann hinzugesellen (vgl. James, W., 1884).

Die subjektive Sicherheit des Patienten, dass die Emotion (wie es bei der Panikattacke der Fall ist) durch nichts, durch keinerlei Anlass ausgelöst worden ist, schließt die Möglichkeit des Vorhandenseins eines Gegenstands, der „intentionaler Gegenstand“ der Emotion war, jedoch nicht aus.

Freud (1894) erklärt die Panikattacke (Angsthysterie) als pathologische Entladung unterdrückter Sexualenergie. Diese Hypothese setzt das Vorhandensein eines unbewussten Seelenlebens voraus (der Patient hat kein Bewusstsein von der „Umwandlung“ seines sexuellen Verlangens in Angst) und mit ihr wird der Emotion (durch den auf Assoziationen und Interpretationen basierenden psychoanalytischen Prozess) ein ganz anderer Kontext gegeben als der einfache und in gewisser Hinsicht beruhigende der „Somatogenese“: ein Kontext bestehend aus Instinkten, Begierden, Intentionen, mentalen Vorstellungen, zwischenmenschlichen Beziehungen und sozialen Normen. Durch den therapeutischen Prozess wird der Panikattacke als „somatogener Emotion“ der kognitive Gehalt zurückgegeben der, mit der Deviation der ursprünglichen Emotion in alternative Kanäle, verloren gegangen war.

Diese Erklärung bringt uns wieder dahin, Emotionen als intentionales Phänomen (von unbewusster Intentionalität) zu betrachten, mit allen mentalen Implikationen, die dies mit sich bringt. Doch ist dies keine Erklärung, die restlos überzeugt. Denn auch wenn sie im Falle von Patienten plausibel und eventuell zutreffend ist, die Zugang zu einer Psychotherapie haben und die fähig sind, den verdrängten Gehalt zu erkennen, so ist sie es doch in den Fällen nicht, in denen man trotz interpretatorischer Anstrengungen keinerlei mentale Vorstellung (und keinen Auslöser) hinter den Symptomen entdecken kann. Bei diesen Personen eine „Mentalisierungsstörung“ zu vermuten – wie es in gewissen Modellen geschieht – liefert zwar eine naheliegende Erklärung, die aber etwas von einer „Eskamotage“ hat und vielleicht eine „petitio principii“ darstellt, da man dabei implizit davon ausgeht, dass eine Mentalisierung stattfinden und eine mentale Vorstellung existieren würde, *wenn* nicht eine (unbestimmte) *Störung* vorläge.

Aus Gründen der Klarheit ist es erforderlich, darauf hinzuweisen, dass „mentalisieren“ streng genommen nicht bedeutet, über eine bewusste Wahrnehmung zu verfügen, auch wenn dies die umgangssprachliche Bedeutung dieses seltsamen Verbs ist. Der Geist („mens“) besteht ja nicht nur aus bewussten Anteilen (noch hat er dies seit Platon je getan). Man müsste daher sagen (horribile auditu) „konszientisieren“ oder „bewusst machen“, womit gemeint wäre, die mentale Vorstellung der reflexiven, kritischen, rationalen Aktivität bereit zu stellen. Doch begeben wir uns hier auf ein Terrain der komplexen Lexikprobleme, die wegen der Abhängigkeit von den verschiedenen Definitionen für Geist, Psyche, Bewusstsein usw. strittig sind. Und dies ist nicht der richtige Rahmen für eine Erörterung von solchen Problemen.

Tiere haben sicherlich Emotionen, insbesondere können sie ganz bestimmt Furcht empfinden. Leiden sie an Panikattacken? Diese Frage ist keinesfalls müßig. Es ist ganz sicher möglich, durch eine „ad-hoc"-Konditionierung bei Tieren eine Angstreaktion, vielleicht sogar eine Panikreaktion auszulösen, ohne dass eine echte Gefahr (adäquater Stimulus) vorhanden ist. Bei einem Menschenaffen könnte eine Panikattacke (vorausgesetzt, dass er eine solche haben kann) vielleicht noch irgend einem psychologischen Vorgang zugeschrieben werden – über das das Tier, das ihn erlebt, jedoch nicht mit uns kommunizieren kann und von dem wir, wenn nicht über die entsprechenden somatischen Manifestationen, keine Kenntnis erlangen können; wie aber sieht es bei Tieren mit einem einfacheren zentralen Nervensystem aus? Wenn wir herausfänden, dass ein Fisch, oder vielleicht ein wirbelloses Tier, eine Symptomatik aufweist, die der einer Panikattacke entspricht (insbesondere anhand der Herz-Kreislauf- und endokrinen Symptome) mit den begleitenden Anzeichen des Furchtverhaltens, müssten wir dann nicht annehmen, dass alleine die Physiologie Ursache der „Emotion" ist, da das winzige und einfache zentrale Nervensystem des fraglichen Tieres zu mentalen Vorstellungen (ob nun bewusster oder unbewusster Art), die zur Erklärung seiner Symptome und seines Verhaltens geeignet wären, nicht in der Lage ist?

Bestimmte Fische reagieren mit Alarmverhalten auf chemische Substanzen im Wasser, die von Exemplaren (der selben Spezies) verströmt wurden, deren Haut, in der Regel durch den Angriff eines Räubers, verletzt worden ist. Diese Substanzen („Schreckstoffe") versetzen die Fische auch bei Abwesenheit einer echten Gefahr in einen Alarmzustand; ihr Nervensystem reagiert mit einem Verhalten, das, zumindest nach unserer „Lesart", die Emotion „Furcht" offenbart. Die Aussendung des Signals durch den vom Räuber verletzten (und wahrscheinlich getöteten) Fisch erfolgt unwillkürlich und konditioniert das Verhalten aller anderen Exemplare der selben Spezies, die es empfangen können. Die „Emotion“ wird bei den „Informationsempfängern“ wie es scheint nicht durch das Wissen um das Vorhandensein bzw. um die Art der Gefahr hervorgerufen, sondern einzig durch den chemischen Stimulus (Jesuthasan et al.). Ich kann nicht ausschließen, dass die Fische im Falle einer auf andere Weise wahrgenommenen Gefahr „Emotionen“ empfinden, doch der „Schreckstoff“ ist notwendig und ausreichend, um ein Verhalten hervorzurufen, das ein menschlicher Beobachter als „Alarm“, „Schreck“ oder „Furcht“, also nach menschlichen Begriffen als Emotionen interpretiert.

Welche Bedeutung haben solche Beispiele? Der Zustand bei einer Panikattacke und der eines alarmierten Fisches können natürlich als zu außergewöhnlich erscheinen, um zum Verständnis der reichen und komplexen Welt der Emotionen beizutragen. Aber…

Der vom „Schreckstoff“ erschreckte Fisch ist der Wirkung des Moleküls ausgesetzt. In diesem Sinn ist seine Reaktion, wegen ihrer vollständigen Passivität, eine „passio“. Sein ganzer Organismus ist dem Einfluss eines Moleküls unterworfen, das die Fähigkeit hat, sein Verhalten (ohne Ausweg, ohne Alternative, ohne Wahlfreiheit) zu bestimmen. Wenn man auf die Analogie zwischen dem Verhalten des Fisches und dem einer von Wut übermannten Person hinweist, wie sie von Seneca beschrieben wird (s.o.), könnte man zu dem Schluss gelangen, dass die Wirkung des „Schreckstoffs“ die Emotion selbst ist, da sie notwendige und ausreichende Bedingung dafür ist, das „emotionale Verhalten“ bei dem Fisch hervorzurufen. (Analog dazu ist die Raserei von Herakles in der Tragödie des Euripides das Werk von Lyssa, der Göttin des Wahnsinns, und die Panikattacke das des Pan).

Aus was besteht das „emotionale Verhalten“ des Fisches sonst noch? Nach allem, was wir erkennen können, nur aus ungewöhnlichen Bewegungen. Selbst wenn die elektrophysiologische oder neuroradiologische Erforschung des Nervensystems des Fisches möglich wäre, würde keine Untersuchung es uns gestatten, etwas mehr über das Erleben des Fisches zu erfahren, vorausgesetzt, dass es beim Fisch überhaupt etwas dieser Art gibt.

Die Frage, die es an diesem Punkt zu stellen gilt, lautet wie folgt: wenn der Fisch „Emotionen“ dieser Art zeigt, die an so einfache Bedingungen (Stimuli) und an so stereotype Reaktionen gebunden sind, ist es dann möglich, dass das Gleiche auch bei komplexeren Organismen passiert, den Menschen eingeschlossen? Es ist wahrscheinlich (mehr noch: angesichts der verfügbaren Informationen sogar sicher), dass der „emotionalen“ Reaktion des Fisches die kognitive Komponente fehlt, deren grundlegende Bedeutung für die menschliche Emotion von vielen Autoren hervorgehoben wird. Nach allem was wir wissen bewertet der Fisch weder, noch urteilt er. Um diese Art von „Emotion“ zu empfinden/zu leben, ist ein entwickeltes zentrales Nervensystem nicht erforderlich (Fische verfügen nicht über graue Substanz), während die *Reaktion* auf den Stimulus, der im Grunde genommen der einzig objektivierbare Ausdruck der „Emotion“ ist, jedoch einen Bewegungsapparat voraussetzt. Die „Emotion“ drückt sich in der Bewegung aus.

Wenn dies den einfachen Organismen schon ausreicht, warum dann nicht den komplexen? Auch bei den komplexen Organismen sind die archaischsten neuronalen Verschaltungen weiterhin vorhanden und vermitteln (vielleicht) auch weiterhin die gleichen Emotionen, angefangen von einfachen Stimuli: das Erschrecken des Menschen ist nicht weniger emotional, scheint aber auch nicht komplexer zu sein, als das des Fisches. Und somit haben wir ein – wenn auch rudimentäres – Grundmodell der „Emotion“, das schon auf der phylogenetisch archaischsten Ebene existiert und daher sehr wahrscheinlich die phylogenetisch notwendigsten, für das Überleben nützlichsten Merkmale aufweist. Alarm, Schreck, Furcht sind Variationen dieser primitiven aber lebenswichtigen „Emotion“. Doch was ist mit all den anderen? Das Problem bleibt bestehen.

Man kann sich die Frage stellen, ob es sich bei der Angst nicht um eine besondere Emotion handelt, die – im Gegensatz zur Furcht – vielleicht ohne ein intentionales Objekt auskommt; man kann sich ebenso fragen, ob der Unterschied zwischen „normalen“ und „pathologischen“ Emotionen nicht gerade im Vorhandensein eines intentionalen Objekts besteht. Das Vorhandensein eines intentionalen Objekts wäre demnach bezeichnend für eine Beziehung zwischen dem

Subjekt und der externen Realität, sein Nichtvorhandensein hingegen für einen narzistischen/autistoiden Rückzug. Furcht und Angst, wie auch Trauer und Melancholie, würden sich in dieser Polarisation gegenüber stehen.

Angst ist „definitionsgemäß" ein tiefes Unbehagen, das mit körperlichen Empfindungen einhergeht wie Engegefühlen im Brustkorb, Druck auf der Brust, Schwierigkeiten bei der Atmung und – auf mentaler Ebene – mit dem Gefühl des einer Lebensgefahr Ausgeliefertseins, oder – manchmal – des Verlusts des Liebesobjekts (was, wenn nicht den Verlust des Lebens im eigentlichen Sinn, doch den Verlust einer auf bestimmte Weise wichtigen Lebensgestaltung mit sich bringt). Das Objekt der Angst ist das Ende eines akzeptablen Lebensumstandes, dessen Bevorstehen befürchtet wird; und vielleicht erscheint im Vergleich mit dem Ende „tout court" ein jeder Lebensumstand als akzeptabel.

Das intentionale Objekt der Angst ist das Ende des Lebens; das Bewusstsein vom Ende macht die Angst daher theoretisch zum unausweichlichen, inhärenten Bestandteil der Conditio humana und ihrem Wissen um die eigene Endlichkeit; sie macht die Hinwendung zum „ewigen Leben" notwendig, dem Gegenmittel der Angst.

d) Emotionen Urteile sind, wie Robert C. Solomon und Martha Nussbaum in „Thinking about feelings" (S. 78 ff. bzw. S. 185 ff.) ausführlich argumentieren (wobei sie sich natürlich nur auf menschliche Emotionen beziehen).

Rationalität ist sicherlich nicht der Hauptbestandteil der Emotion. Das soll nicht bedeuten, Emotionen seien irrational; doch das Fehlen von Rationalität ist auch bei anderen geistigen Aktivitäten „vorhanden", wie beispielsweise bei den Wahrnehmungen, bei der Verbindung von Stimuli und Gedanken, der Phantasie oder bei den Gefühlen (wir werden später versuchen, den Unterschied herauszustellen). Der angeblich „urteilende" Charakter von Emotionen scheint mir besonders problematisch zu sein. Wir sehen uns erneut einem Definitionsproblem gegenüber. Was bedeutet „Urteil" (diese Frage scheint Solomon, allerdings in m. E. unbefriedingender Weise, vorwegzunehmen: „Whatever else I may have meant or implied by my slogan ‚Emotions are judgements,' I was not thinking of necessarily conscious – or self-conscious – reflective, articulate judgements")? Man kann sicherlich die Meinung vertreten, der vom „Schreckstoff" stimulierte Fisch erhalte eine Information, die dieser – um es in menschlichen Worten auszudrücken – als „Gefahr" dekodiert. Es ist jedoch offensichtlich, dass der Fisch keinerlei mentale Leistung erbracht hat, die die Bezeichnung „Urteil" verdienen würde. Das Gleiche, so scheint mir, lässt sich von einem Schreck beim Menschen behaupten. Das Zusammenfahren einer Person, hinter deren Rücken plötzlich ein Knallfrosch explodiert, bringt sicherlich eine auffällige unwillkürliche Bewegung mit sich (die wahrscheinlich sowohl von der durch das ZNS innervierten Muskulatur hervorgerufen wird als auch von autonomen Muskeln, wie dem Herz, wenn dieses – wie es in diesen Fällen typisch ist – ein kurzes Herzrasen erfährt) und eine „Alarm-Schreck-Furcht"-Erfahrung. Die urteilende Komponente zeigt sich jedoch erst – wenn auch nur Sekundenbruchteile – *danach*; die Person erkennt das Geräusch und identifiziert es als „Knall eines Knallfrosches", und somit – abgesehen von dem Schreck – als harmlos (wenn sie sich zu Silvester in Neapel oder zum Karneval in Bellinzona befindet...), oder aber als mörderische Detonation, wenn sie sich in Baghdad oder in Afghanistan befindet. Sie kann ihre beurteilende Aktivität auch fortsetzen, indem sie sich fragt, warum hinter ihrem Rücken ein Knallfrosch explodiert und wer da am Werk war. Doch der Zorn, wenn es ihn denn in einer solchen Situation gibt, wartet nicht auf die Schlussfolgerung des „Opfers", dass der Urheber der Handlung es erschrecken wollte, um Freude aus seinem Unbehagen zu ziehen (Schadenfreude); das Urteil, sofern es eines gibt, ist sehr oberflächlich und – so könnte man sagen, wobei man ein hohes Risiko eingeht, der Auflistung eine weitere Aktivität hinzuzufügen, für die eine klare Definition gefunden werden muss – intuitiv. Im Grunde wird die Tatsache, dass etwas den Frieden des Subjekts gestört hat (indem es die Emotion Alarm-Schreck-Furcht auslöste) zunächst nur als „ungerecht" registriert und dann kommt noch hinzu, dass dieses Etwas menschliche

Ursachen hatte und beabsichtigt war, also nicht zufällig geschah. Die zornige Reaktion könnte das Subjekt veranlassen, sich umzudrehen und dem erstbesten Passanten – vielleicht selbst ein unschuldiges Opfer – eine Ohrfeige zu versetzen, anstatt den wahren Schuldigen zu suchen. Der Zorn bringt eine oberflächliche Bewertung mit sich und ruft vielleicht den Wunsch nach Gerechtigkeit hervor, einen Wunsch, der jedoch weder zwingend mit dem Zorn einhergeht noch immer Bestandteil des Zorns ist. Es gibt Fälle von Zorn, die aus nicht wiedergutzumachenden Ungerechtigkeiten herrühren, bei denen der Zorn mehr als alles andere Ausdruck von Verzweiflung ist, von ohnmächtiger Schmach, keine Gerechtigkeit erlangen zu können.

Weitere „Emotionen“ können sich daran anschließen, wobei das „motorisch-viszerale“ Element gewissermassen nach und nach mentalen Aspekten Platz macht. Verzweiflung und Schmach sind bereits Entitäten dieser Art, bei denen die Ausgangssituation bewertet und wiederbewertet worden ist. Die Sequenz „*Schreck → Zorn → Wunsch nach Gerechtigkeit/Rache → Schmach/Frustration/Verzweiflung*“ geht mit einer zunehmenden kognitiven und bewertenden Aktivität einher, die sich in der Folge immer mehr ausweiten und diversifizieren kann. Ich kann gegenüber all den möglichen Urhebern der Handlung *Misstrauen* empfinden oder *Groll*; ich kann gegenüber den Ordnungskräften, die solche Handlungen nicht verhindern oder ihnen vorbeugen, *enttäuscht* und *irritiert* sein (wobei es sich schon um etwas anderes als Zorn handelt – der „iterative“ Sinn des Begriffes impliziert bereits eine gewisse Gewohnheit und damit geringere Virulenz des Affekts sowie seine längere Dauer); ich kann damit „reagieren“, dass ich mir ein neues Modell einer perfekten Gesellschaft ausmale, in der solche Dinge dank der „vollkommenen Harmonie“ in den Beziehungen ihrer Mitglieder und der Qualität der Erziehung gar nicht erst vorkämen; dann kann ich durch das Nachdenken über die Schwierigkeiten, die der Errichtung einer solchen Gesellschaft im Wege stehen würden und über die Langeweile, die in einer solchen Gesellschaft herrschen würde, Ernüchterung finden.

All diese bewertenden Aktivitäten werden durch eine primitive Emotion ausgelöst und stehen in engem Zusammenhang mit anderen daran anschließenden Emotionen oder mentalen Aktivitäten. Doch um eine bestimmte Erfahrung als Emotion zu bezeichnen, benötigen wir (zumindest) noch eine andere Komponente als das Urteil, wie oberflächlich oder „fundiert", richtig oder falsch es auch sein mag.

Die Tatsache, dass die bewertende Aktivität auch ohne einen eigentlich emotionalen Stimulus erfolgen kann (ich könnte durch das unbeteiligte Lesen eines Berichts darüber, dass ein Fremder, der durch die Explosion eines Knallfrosches hinter seinem Rücken erschrocken ist und dem erstbesten Passanten einen Faustschlag versetzt hat, zu den gleichen Schlussfolgerungen gelangen, wenn ich politische Utopien entwickeln wollte) beweist nicht, dass diese die Essenz der Emotion ist, sondern vielmehr das Gegenteil; der Schreck wäre eine Emotion, auf die nicht unbedingt eine bewertende Aktivität folgen muss.

Es gibt „Emotionen" mit geringem (oder ohne) bewertenden Anteil und andere mit vergleichsweise hohem bewertendem Anteil (doch kann man hierbei noch von Emotionen sprechen?).

Die Panik – sowohl bei der Panikattacke, also einem pathologischen Zustand „par excellence", als auch die durch ein katastrophales Ereignis ausgelöste Panik – hat nur einen geringen bewertenden Anteil. Man beschreibt sie auch als einen Zustand, in dem man „die Kontrolle verliert", „den Kopf verliert", „Angst hat, verrückt zu werden".

Das paranoische Misstrauen hingegen hat einen hohen bewertenden Anteil, auch wenn es auf falschen Annahmen beruht. Eine paranoische Person sieht beunruhigende Anzeichen auch in ganz normalen Situationen, macht überall Feinde aus, stellt auf der Basis einer gänzlich eigenen Logik Verbindungen zwischen unabhängigen Ereignissen her, die für sie (und nur für sie) beweiskräftig sind. Bei der Konstruktion des Verfolgungswahns ist das intellektuelle Element von großer Bedeutung. Sicherlich ist auch eine „emotional-irrationale" Ebene vorhanden, die die Voraussetzung für die grundlegend falsche Einschätzung ist (z.B. derjenige, der den Knallfrosch hat explodieren lassen, hatte die Absicht, bei der Person einen Herzinfarkt zu provozieren und sie dadurch umzubringen, ohne beschuldigt werden zu können). Doch aus was besteht sie? Wahrscheinlich ist sie bei der paranoischen Person so grundlegend, dass sie ihre Wurzeln bereits in den in der ersten Lebensphase, vielleicht sogar noch pränatal, gebildeten neuronalen Strukturen hat, Strukturen, die unangebrachte Assoziationen fördern und eine Filterung und angemessene Würdigung der Informationen nicht gestatten. Sicher, die fehlerhafte Auswertung der Informationen manifestiert sich erst nach vielen Jahren als pathologisch, doch die bewertende Aktivität ist, wenn auch anormal, hinsichtlich einer stillen – jedoch vorhandenen – „affektiven", „emotionalen" Komponente von Bedeutung, die, in bestimmten tragischen Fällen, extreme Folgen haben kann, wenn die Person, nachdem sie von der Wahrheit ihrer wahnhaften Konstrukte überzeugt ist und dadurch von Sicherheit vermittelnden Beziehungen zu anderen Menschen, die ein Korrektiv zum wahnhaft Erlebten sein könnten, isoliert wird, zur Tat schreitet und ein Blutbad anrichtet, wie am 21.09. 2001 in Zug, um nur ein bekanntes Beispiel zu nennen.

Das intellektuelle Element ist in anderen Situationen, wie beispielsweise bei Ressentiment/Groll oder Dankbarkeit von Bedeutung. Beide bestehen in der negativen bzw. positiven Bewertung der Handlung eines anderen gegenüber dem Subjekt, zusammen mit dem Gefühl, einen Ausgleich schaffen zu müssen/zu wollen, „bei jemandem noch etwas zugute zu haben" bzw. „jemandem noch etwas zu schulden". Das Element „plötzliche unwillkürliche Bewegung" ist gleich null oder zumindest unbedeutend. Auf mikroskopischer Ebene gehen auch diese sicherlich mit spezifischen Veränderungen und neuronalen Aktivitäten einher. Doch macht dies aus ihnen noch keine Emotion (seit ein paar Jahren wird immer wieder – da ja nun die technischen Möglichkeiten bestehen – nach den neuronalen Lokalisationen dieser oder jener mentalen Aktivität gesucht, und dabei wurde „entdeckt", dass jede von ihnen bestimmte Bereiche des Gehirns aktiviert [vgl. dazu z. B. Glen O. Gabbard, „A Neuroscience Perspective on Transference"; Gabbard et al. „The Interface of Mind and Brain in Borderline Personality Disorder"; Leslie Brothers, „A Biological Perspective on Empathy"; Giacomo Rizzolatti et al., „Prefrontal Cortex and the recognition of motor actions".

Und zuletzt

e) ob zwischen den Emotionen und den intentionalen Objekten, die sie auslösen, eine Beziehung diversifizierter Art besteht (bzw. bestehen kann). Zur Erklärung ein Beispiel: weshalb – um eine Erfahrung heranzuziehen, von der (denke ich) niemand behaupten kann, sie sei keine Emotion, und um ein banales Beispiel zu nennen – empfinden manche nur angesichts einer realen Gefahr Angst, während bei anderen der Gedanke an eine Gefahr oder ein entsprechendes Symbol schon ausreicht?

Hieraus ergibt sich – neben anderen Problemen (z. B.: warum wird Gefahr so unterschiedlich eingeschätzt?; geschieht dies auf der Grundlage falscher Wahrnehmungen oder falscher Einschätzungen, oder auf der Grundlage anderer, komplexerer Mechanismen?) – ein weiteres Problem (und hier erscheint es mir angebracht, aus Platzgründen nur soweit darauf einzugehen, wie es unbedingt notwendig ist): das der *Intersubjektivität und der Kommunizierbarkeit* von Emotionen.

Hinzu kommt: es gibt „aktuelle" Emotionen, die als Zustandsveränderungen des Organismus wahrgenommen werden, der sie erfährt, die „hic et nunc" durch ein intentionales Objekt hervorgerufen werden und die sich weder auf vorangegangene Erfahrungen beziehen noch Vorwegnahmen zukünftiger Erfahrungen sind (diese bezeichnen wir provisorisch als *„Emotionen ersten Grades"*); es gibt außerdem Emotionen (*„zweiten Grades"*), die, auch wenn sie eine Veränderung im Zustand des Organismus darstellen, kein intentionales Objekt „hic et nunc" besitzen, sondern an das Nacherleben früherer Emotionen (die letztlich ihr intentionales Objekt konstituieren) gebunden sind. Theoretisch gäbe es so Emotionen „zweiten Grades", jedoch auch – basierend auf der Erinnerung an diese – Emotionen „dritten Grades", und so weiter „ad infinitum" (und „ad absurdum").

Bei jeder Stufe (jedem „Grad") erfährt die ursprüngliche Emotion („ersten Grades") eine Änderung, sie wird sozusagen „verdünnt" und wird immer schwächer. Ab wann ist die Emotion verschwunden?

Die emotionale und subjektive Reaktion auf das intentionale Objekt erfolgt im Geist des Subjekts nicht isoliert; andere intentionale Objekte lösen andere emotionale Reaktionen *eines irgendwelchen* Grades aus oder haben solche in der Vergangenheit ausgelöst. Wenn wir davon ausgehen, dass nicht nur die Emotion ersten Grades A das Objekt der Emotion zweiten Grades A' ist (etc.) und die Emotion ersten Grades B das Objekt der Emotion zweiten Grades B', sondern dass A auch das Objekt von B oder C sein kann, und so weiter, in allen möglichen Kombinationen und Ableitungen, so müssen wir daraus schließen, dass wir, durch Vermischung mit anderen Emotionen oder psychischen Elementen, eine unendliche Vielzahl emotionaler Zustände (oder mentaler, nichtemotionaler Zustände) hervorbringen können. Würde man dieses Verfahren bis ins Extreme weiterführen, so könnten wir die Emotionen letztlich „personalisieren“ und für jeden einzelnen Seelenzustand eines Individuums, der durch ein bestimmtes intentionales Objekt und durch die in diesem Moment herrschenden Umstände determiniert wird, eine Emotion feststellen.

Damit würde jeder Versuch einer Diskussion über Emotionen zu etwas Subjektivem und daher schwer zu kommunizierendem oder teilbarem. Auf der anderen Seite stimmt es natürlich, dass die Erfahrung einer Emotion eine Privatangelegenheit bleibt, auch wenn es unzählige Situationen gibt, in denen eine bestimmte Emotion von einer (manchmal sehr großen) Gemeinschaft gleichzeitig erlebt wird: Panik z.B. während eines Erdbebens, Begeisterung während eines Konzerts, Traurigkeit bei einer Beisetzung, etc. Doch die Emotion (Panik, Begeisterung, Traurigkeit) des Subjekts X entspricht nicht notwendigerweise der Emotion (Panik, Begeisterung, Traurigkeit) des Subjekts Y – und in jedem Fall sind wir nicht in der Lage, dies zu überprüfen. Denn auch die akkurateste Messung der physiologischen Reaktionen oder der neuronalen Aktivitäten im Moment der emotionalen Erfahrung wird uns die Übereinstimmung der Erfahrung von X mit der von Y nicht bestätigen.

Die bisher erfolgten, einleitenden Überlegungen können nun wie folgt zusammengefasst werden: „Emotionen“ sind Erfahrungen, die durch die Wahrnehmung von Stimuli attraktiver (im Sinne von Appetit-Hunger als primitivster Bedeutung, jedoch auch im Sinne von sexueller Attraktion) oder abstoßender (Furcht oder z. B. Ekel) Art hervorgerufen werden; es handelt sich um Erfahrungen, die „in nuce“ schon bei den rudimentärsten Organismen vorhanden sind, die sich mit der Herausbildung immer komplexerer Entwicklungsstadien (des Nervensystems) weiter ausdifferenzieren und die sich in einer Form von Bewegungen manifestieren, die *zumindest* vom Subjekt, welches sie erfährt, wahrgenommen werden können; es sind Erfahrungen, die sich auf gegenwärtige, in der Vergangenheit bereits vorhandene oder für die Zukunft vorhersehbare Objekte beziehen können, wobei das zeitliche Element das Auftreten von Emotionen „ersten Grades“ und „weiterer Grade“ determiniert; es sind schlussendlich Erfahrungen, die, zumindest beim Menschen, einen Wert sowohl auf der Skala „Lust-Unlust“ (ästhetischer Art) als auch auf der Skala „gut-schlecht“ (ethischer Art) erhalten können (und auch erhalten), wobei der ethische Wert mit der sozialen Bedeutung der Verhaltensweisen einhergeht, die durch diese Erfahrungen bestimmt werden können.

Bis hierher sind die einleitenden Überlegungen gediehen, ohne besonders großes Bestreben, sie zu vertiefen, von einem Laien mit vorwiegend naturwissenschaftlichem Bildungs- und Erfahrungshorizont, den er sich in der zweiten Hälfte des 20. Jahrhunderts angeeignet hat; er könnte sicherlich damit fortfahren, würde jedoch das Risiko eingehen, sich in solipsistischem Gefasel zu verlieren. Es ist daher angebracht, nun den Blick auf die Ansichten anderer zu erweitern.

Im Folgenden werde ich versuchen, eine chronologische Einordnung des Problems vorzunehmen; in diesem Zusammenhang bin ich Catherine Newmarks Darstellung in ihrem Buch „Passion – Affekt – Gefühl; Philosophische Theorien der Emotionen zwischen Aristoteles und Kant“, Hamburg 2008, zu großem Dank verpflichtet.

Die geschichtliche Betrachtung

Schon in vorsokratischer Zeit haben die „Passionen“ (der Terminus, mit dem Emotionen, Affekte und andere Seelenzustände verschiedenster Art ursprünglich und jahrhundertelang bezeichnet wurden) das Interesse von Philosophen geweckt, was sich bis heute nicht geändert hat und – wie unschwer vorauszusehen ist – auch in Zukunft wohl kaum ändern wird, wie auch das Buch „Thinking about feelings“ glauben macht.

Nach dem Zeugnis des Peripatetikers Aristoxenos aus Tarent (Ende des 4. Jhd. v.Chr.) warnten *die Pythagoraer* vor den Passionen, da sie geeignet seien, Zwietracht zwischen Verwandten und Freunden zu säen. Ganz allgemein sahen sie in ihnen ein Übel:

> ... δεῖν ἔφασαν ... μήτε πάθος ἐγείρηται μηδὲν εἰκῆ καὶ φαύλως καὶ ἡμαρτημένος, οἷον ἐπιθυμία ἢ ὀργή. ὁ αὐτός τε λόγος καὶ κατὰ τῶν λειπομένων παθῶν τε καὶ διαθέσεων.[1] (Diels-Kranz, Frg. der Vorsokr. 58 D 9).

Auch wenn er keine eigene Theorie der Passionen entwickelt hat – wie Aristoteles es zu tun beginnen wird – erwähnt *Platon* (427–347 v.Chr) sie z.B. im Timaios (69c–e), wobei er sie hier ausgesprochen negativ darstellt, indem er schreibt, die Passionen, die dem Menschen im Moment seiner Erschaffung quasi „auferlegt“ würden, hätten ihren Sitz in der sterblichen Seele,

> δεινὰ καὶ ἀναγκαῖα ἐν ἑαυτῷ παθήματα ἔχον, πρῶτον μὲν ἡδονήν, μέγιστον κακοῦ δέλεαρ, ἔπειτα λύπας, ἀγαθῶν φυγάς, ἔτι δ᾽αὖ θάρρος καὶ φόβον, ἄφρονε συμβούλω, θυμὸν δὲ δυσπαραμύθητον, ἐλπίδα δ᾽εὐπαράγωγον· αἰσθήσει δὲ ἀλόγῳ καὶ ἐπιχειρητῆ παντὸς ἔρωτι συγκερασάμενοι ταῦτα, ἀναγκαίως τὸ θνητὸν γένος συνέθεσαν. καὶ διὰ

1 „… und man müsse darauf achten – sagen sie – … dass keine Leidenschaft entsteht, sei es zufällig, oder aus Versehen oder aus böser Absicht, wie Begierde oder Zorn. Die gleiche Rede sollte für alle andere Leidenschaften und Gemütsneigungen gemacht werden“.

ταῦτα δὴ σεβόμενοι μιαίνειν τὸ θεῖον, ὅτι μὴ πᾶσα ἦν ἀνάγκη, χωρὶς ἐκείνου κατοικίζουσιν εἰς ἄλλην τοῦ σώματος οἴκησιν τὸ θνητόν, ἰσθμὸν καὶ ὅρον διοικοδομήσαντες τῆς τε κεφαλῆς καὶ τοῦ στήθους, αὐχένα μεταξὺ τιθέντες, ἵν 'εἴη χωρίς.[2]

Die Passionen – die, man merke, hier als „notwendig" (unabweislich) erscheinen – „nageln" die sterbliche Seele am Körper fest („῞Οτι ἑκάστη ἡδονὴ καὶ λύπη ὥσπερ ἧλον ἔχουα προσηλοῖ αὐτὴν πρὸς τὸ σῶμα καὶ προσπερονᾷ καὶ ποιεῖ σωματοειδῆ, δοξάζουσαν ταῦτα ἀληθῆ εἶναι ἅπερ ἂν καὶ τὸ σῶμα φῇ" – Phaidon 83 d) und verwehren es dieser, zur Erkenntnis zu gelangen (was sie nur kann, wenn sie „... ἀλλ'αὐτῇ καθ'αὑτὴν εἰλικρινεῖ τῇ διανοίᾳ χρώμενος..., ἀπαλλαγεὶς ὅτι μάλιστα ... τοῦ σώματος, ὡς ταράττοντος καὶ οὐκ ἐῶντος τὴν ψυχὴν κτήσασθαι ἀλήθειάν τε καὶ φρόνησιν ὅταν κοινωνῇ"[4] – Phaidon, 65 e–66 a), mit der Folge, dass sie sich nie ausreichend reinigen kann, „ἀλλὰ ἀεὶ τοῦ σώματος ἀναπλέα ἐξιέναι, ὥστε ταχὺ πάλιν πίπτειν εἰς ἄλλο σῶμα καὶ ὥσπερ σπειρομένη ἐμφύεσθαι, καὶ ἐκ τούτων ἄμοιρος εἶναι τῆς τοῦ θείου τε καὶ καθαροῦ καὶ μονοειδοῦς συνουσίας."[5] (Phaidon, 83 d–e)

2 „in welcher sich mächtige und unabweisliche Leidenschaften regen: zuerst die Lust, des Schlechten stärkster Köder, dann der Schmerz, des Wohlbefindens Verscheucher, ferner kecker Mut und Verzagtheit, diese unüberlegten Ratgeber, sowie der schwer zu beschwichtigende Zorn und die verführerische Hoffnung; indem sie diesen unvernünftige Wahrnehmung und eine zu jedem Wagnis bereite Liebe beimischten, fügten sie in Notwendigkeit die sterbliche Gattung der Seele zusammen. Weil sie aber darum Scheu trugen, das Göttliche zu verunreinigen, soweit es nicht gänzlich notwendig war, wiesen sie dem Sterblichen, von jenem getrennt, einen anderen Teil des Leibes zur Wohnung und schieden, das Genick dazwischen einfügend, durch eine Erdzunge und Grenzscheide Kopf und Brust, damit beide getrennt bleiben".

3 „Weil jegliche Lust und Unlust gleichsam einen Nagel hat und sie an den Leib annagelt und anheftet und sie leibartig macht, wenn sie doch glaubt, dass das wahr sei, was auch der Leib dafür aussagt"

4 „sich des reinen Gedankens allein bedienend... soviel möglich geschieden... von dem ganzen Leibe, der nur verwirrt und die Seele nicht Wahrheit und Einsicht erlangen lässt, wenn er mit dabei ist."

5 „sondern immer des Leibes voll von hinnen geht; daher sie auch bald wiederum in einen andern Leib fällt und wie hingesäet sich einwurzelt und daher unteilhaftig bleibt des Umganges mit dem Göttlichen und Reinen und Eingestaltigen"

Der Philosoph meidet daher Freuden, Begierden und Trübsal, wissend „ὅτι ψυχὴ παντὸς ἀνθρώπου ἀναγκάζεται ἅμα τε ἡσθῆναι σφόδρα ἢ λυπηθῆναι επί τῳ καὶ ἡγεῖσθαι περὶ ὃ ἂν μάλιστα τοῦτο πάσχῃ, τοῦτο ἐναργέστατόν τε εἶναι καὶ ἀληθέστατον, οὐχ οὕτως ἔχον."[6] (Phaidon, 83 c).

Andererseits kann selbst die Philosophie ohne das Staunen (das Descartes zu den Hauptpassionen zählt, mehr noch, zur wichtigsten unter den Hauptpassionen erklärt) nicht existieren. Platon lässt es Sokrates so formulieren: „Θεόδωρος γάρ, ὦ φίλε, φαίνεται οὐ κακῶς τοπάζειν περὶ τῆς φύσεώς σου. Μάλα γὰρ φιλοσόφου τοῦτο τὸ πάθος, τὸ θαυμάζειν· οὐ γὰρ ἄλλη ἀρχὴ φιλοσοφίας ἢ αὕτη…"[7] (Theätet 155 d).

Und mit der Politeia, in der er seine Dreiteilung der Seelenvermögen vorstellt (vernünftig oder λογιστικόν; muthaft oder θυμός; begehrend oder ἐπιθυμία), macht er einen ersten Schritt hin zu einer Jahrhunderte währenden Tradition, in der die Passionen einem dieser Vermögen, und insbesondere dem Begehrungsvermögen, zugeordnet werden.

Und schon sind wir bereits zwei Problemen begegnet, die mit den „Passionen" in einem Zusammenhang stehen und über die noch immer diskutiert wird:

1) ihr „moralischer" Charakter, der im Allgemeinen als negativ bewertet wird, da es die Passionen dem Intellekt verwehren sollen, zu wahrer Erkenntnis zu gelangen (oder da sie zumindest den persönlichen Beziehungen abträglich sein sollen…);
2) die Art ihrer Beziehung zum Körper und ihre Verortung innerhalb der geistigen Fähigkeiten.

6 „dass nämlich jedes Menschen Seele, sobald sie über irgend etwas sich heftig erfreut oder betrübt, auch genötigt ist, von demjenigen, womit ihr dieses begegnet, zu glauben, es sei das Wirksamste und das Wahrste, da sich dies doch nicht so verhält".

7 „Theodoros, du Lieber, urteilt eben ganz richtig von deiner Natur. Denn dies ist der Zustand eines gar sehr die Weisheit liebenden Mannes, das Erstaunen; ja es gibt keinen anderen Anfang der Philosophie als diesen…"

Nach dem, was ich in der Lage war zu verstehen, haben diese Fragen bisher das Interesse zahlreicher Autoren geweckt, die unterschiedliche und teilweise komplexe Theorien dazu entwickelt haben; diese Theorien haben es vielleicht ermöglicht, die Funktionsweise der Psyche in verständlicher Weise zu schematisieren, dabei ist diese jedoch wahrscheinlich über das zulässige Maß hinaus vereinfacht worden (woran der verständliche Wunsch nicht ganz unschuldig ist, geeignete Instrumente zu finden, die auf einem so schwierigen und undurchschaubaren Terrain wie diesem Orientierung bieten). Vielleicht stellen sich diese Schemata jedoch als zu rigide heraus; vielleicht hat die Philosophie mit ihrer (aufgegebenen?) Bestrebung, allein durch die Kraft der Gedanken zu unumstößlichen Wahrheiten zu gelangen, zu dieser relativen Starrheit mehr als andere Disziplinen beigetragen, die sich mit dem Thema befasst haben, wie beispielsweise die Physiologie (im weitesten Sinn) oder die Dichtkunst.

Aristoteles (384–322 v. Chr.) liefert innerhalb eines viel umfassenderen theoretischen Bezugsrahmens, der eher naturphilosophischer als psychologischer Art ist, eine erste – unvollständige, unsystematische und wegen der nicht immer eindeutigen Verwendung der Terminologie schwierige – Betrachtung des Problems der „Emotionen". Er spricht in verschiedenen Teilen seines Werks und in verschiedenen Zusammenhängen von „Passionen" (πάθη). Es ist nicht möglich, an dieser Stelle detailliert auf die verschiedenen Bedeutungen einzugehen, weshalb ich auf das bereits erwähnte Buch von Catherine Newmark verweise. Doch angesichts der Bedeutung, die Aristoteles' Auffassungen durch die Scholastik bis ins moderne Zeitalter hinein erlangen werden, ist es ebenfalls unmöglich, ganz auf eine Betrachtung dieser zu verzichten, und sei es auch nur kursorisch.

Die für die vorliegende Arbeit interessantesten Passagen finden sich in „Über die Seele" und in der „Nikomachischen Ethik", weniger in der „Rhetorik".

C. Newmark erinnert daran, dass der Terminus „πάθος“ in der umgangssprachlichen Verwendung des Altgriechischen zwei Bedeutungsinhalte besitzt. Die erste, wertneutrale Bedeutung entspricht „Erfahrung“, „Widerfahrnis“, „Zustand, in den jemand gebracht wurde“ und damit „Qualität, Eigenschaft eines Dinges“. Die zweite ist hingegen negativ: sie reicht von „schlechte Erfahrung“ bis hin zu „Unglücksfall, Unglück, Leiden“.

Für die aristotelische Naturphilosophie und Metaphysik ist die Gegenüberstellung der Konzepte „Wirken/Tun“ (ποιεῖν) und „Erleiden“, „Widerfahren“ (πάσχειν) von großer Bedeutung. Sie sind beide Bestandteile der Bewegung, verstanden als Abfolge von Elementen, die – mit Ausnahme des „Primum movens“ (πρῶτον κινοῦν) – sowohl bewegt (passiv) als auch bewegend (aktiv) sind. Die Bewegung – κίνησις – ist somit sowohl „κινεῖν“ als auch „κινεῖσθαι“; aus dieser Sichtweise der Bewegung entwickelt sich in der Folge das entgegengesetzte aber untrennbare Begriffspaar „Actio“ und „Reactio“, das große Bedeutung erlangen wird.

In „Über die Seele“ wird eine Bewertung entwickelt, nach der die Aktivität der Passivität vorzuziehen sei (eine Ansicht, die sich bis in die Neuzeit hinein großer Zustimmung erfreuen wird).

> Zusammenfassend gesagt haben die Kategorien der *actio* und der *passio* oder des ποιεῖν und des πάσχειν also ein ausgesprochen breites Anwendungsfeld und sind für Aristoteles' Denken insgesamt von großer Bedeutung. Ihre grundlegende Theoretisierung erhalten sie in der naturphilosophischen Bewegungslehre, ihre Opposition enthält aber zudem auch einen ontologischen und moralischen Wertgegensatz: πάθος besitzt immer auch eine negative Konnotation (Newmark, op. cit., S. 35).

In der „Metaphysik“ (V, 21, 1022b 15–21) wird das Konzept des πάθος weiter präzisiert und neben das der Transformation (ἀλλοίωσις) gestellt; Passionen machen Transformation erst möglich, genauer gesagt, Transformation im negativen Sinne, so dass die „πάθη“ am Ende großem Unglück und Leid entsprechen.

So entsteht eine Konzeption, nach der „Passionen“ Bewegungen oder Teil von Bewegungen der Seele sind und die mit Begriffen wie

– eben – „Emotion“ („ex motu“) oder Ausdrücken wie „Gefühlsregung“ usw. nachfolgende Emotionstheorien sowie die gesamte abendländische Kultur beeinflussen wird.

Im psychologischen Bereich und in Ableitung von der Bewegungslehre nimmt πάθος die Bedeutung von „Emotion“ an. Um die Einordnung der Emotionen zu verstehen, muss man die Tatsache berücksichtigen, dass die Seele nach Aristoteles vier Seelenvermögen hat (Ueber die Seele, II, 2, 413 b 11–23): 1.) θρεπτικόν (nährend); 2.) αἰσθητικόν (wahrnehmend); 3.) διανοητικόν (denkend); 4.) κινητικόν (bewegend), zu denen noch φαντασία (Vorstellungskraft) und ὄρεξις (Streben, Appetit) hinzukommen (ibidem, III, 9, 432 ab 1–5).

ὄρεξις ist „unterteilt“ in

1) ἐπιθυμία (Begierde, concupiscibilis), wird im irrationalen Teil der Seele erzeugt;
2) θυμός (Mut, Zorn, irascibilis), wird im irrationalen Teil der Seele erzeugt;
3) βούλησις (Wille), wird im rationalen Teil der Seele erzeugt;

Diese Dreiteilung spiegelt die der platonischen Seele wider – die von Aristoteles jedoch kurz zuvor verworfen wird. ἐπιθυμία und θυμός werden auch unter der Bezeichnung „όργή“ zusammengeführt, wobei θυμός in der Folge „vergessen“ wird.

βούλησις ist der Vernunft zugeordnet und zeigt sich bei der Wahl zwischen den Extremen „Gut-Schlecht“; ἐπιθυμία ist dem Unvernünftigen zugeordnet und zeigt sich bei der Wahl zwischen den Extremen „Lust und Unlust“.

In „Über die Seele“ zählt Aristoteles die „πάθη“ zu den Eigenschaften der Seele im Sinne beispielsweise von „Furcht“ und „Zorn“, nicht im Sinne von „Linie“ oder „Fläche“. Die Tatsache, dass er hier auf Beispiele zurückgreift anstatt eine Definition zu liefern, könnte ein Zeichen für seine Schwierigkeit sein, den Begriff „Passion“ in zufriedenstellender Weise einzugrenzen. Aristoteles unterscheidet zwei Arten der Betrachtung von Passionen: die physiologische („des Physikers“) und die psychologisch-psychodynamische („des Dialektikers“):

ἀπορίαν δ' ἔχει καὶ τὰ πάθη τῆς ψυχῆς, ... φαίνεται δὲ τῶν μὲν πλείστων οὐθὲν ἄνευ τοῦ σώματος πάσχειν οὐδὲ ποιεῖν, οἷον ὀργίζεσθαι, θαρρεῖν, ἐπιθυμεῖν, ὅλως αἰσθάνεσθαι, μάλιστα δ'ἔοικεν ἰδίῳ τὸ νοεῖν· εἰ δ'ἐστὶ καὶ τοῦτο φαντασία τις ἢ μὴ ἄνευ φαντασίας, οὐκ ἐνδέχοιτ' ἂν οὐδὲ τοῦτ' ἄνευ σώματος εἶναι. εἰ μὲν οὖν ἔστι τι τῶν τῆς ψυχῆς ἔργων ἢ παθημάτων ἴδιον, ἐνδέχοιτ' ἂν αὐτὴν χωρίζεσθαι.... ἔοικε δὲ καὶ τὰ τῆς ψυχῆς πάθη πάντα εἶναι μετὰ σώματος, θυμός, πραότης, φόβος, ἔλεος, θάρσος, ἔτι χαρὰ καὶ τὸ φιλεῖν τε καὶ μισεῖν· ἅμα γὰρ τούτοις πάσχει τι τό σῶμα..... εἰ δ'οὕτως ἔχει, δῆλον ὅτι τὰ πάθη λόγοι ἔνυλοί εἰσιν· ὥστε οἱ ὅροι τοιοῦτοι οἷον "τὸ ὀργίζεσθαι κίνησίς τις τοῦ τοιουδὶ σώματος ἢ μέρους ἢ δυνάμεως ὑπὸ τοῦδε ἕνεκα τοῦδε", καὶ διὰ ταῦτα ἤδη φυσικοῦ τὸ θεωρῆσαι περὶ ψυχῆς, ἢ πάσης ἢ τῆς τοιαύτης. διαφερόντως δ' ἂν ὁρίσαιντο ὁ φυσικὸς[τε] καὶ ὁ διαλεκτικὸς ἕκαστον αὐτῶν, οἷον ὀργὴ τί ἐστιν· ὁ μὲν γὰρ ὄρεξιν ἀντιλυπήσεως ἤ τι τοιοῦτον, ὁ δέ ζέσιν τοῦ περὶ καρδίαν αἵματος καὶ θερμοῦ. τούτων δὲ ὁ μὲν τὴν ὕλην ἀποδίδωσιν, ὁ δὲ τὸ εἶδος καὶ τὸν λόγον.[8] (Ueber die Seele, Buch I, 403 a).

8 „Fragen stellen sich auch bei den Eigenschaften (Affekten) der Seele... Die meisten Affekte scheint sie nicht ohne den Körper zu erleiden, z. B. sich erzürnen, mutig sein, begehren, überhaupt wahrnehmen. Am meisten scheint der Seele das vernünftige Erkennen eigentümlich zu sein. Wenn aber auch dieses eine Art Vorstellung, oder nicht ohne Vorstellung ist, dann dürfte auch dieses sich nicht ohne den Körper vollziehen. Wenn es nun einen von den Leistungen oder Eigenschaften der Seele gibt, die ihr spezifisch zu eigen sind, dann könnte sie sich in dieser (vom Körper) abtrennen... Wie es scheint, sind auch alle Affekte der Seele mit dem Körper verbunden: Mut, Sanftmut, Furcht, Mitleid, Wagemut, ferner Freude, Lieben und Hassen. Zugleich mit ihnen nämlich erleidet auch der Körper etwas... Wenn es sich so verhält, dann sind offenbar die Affekte begriffliche Verhältnisse an der Materie. Daher sind auch die Definitionen von der Art (dass sie dies anzeigen): z. B. dass das Sich-Erzürnen eine Bewegung des sobeschaffenen Körpers oder (Körper)Teiles oder Vermögen ist, (verursacht) von diesem bestimmten Objekt und wegen dieses bestimmten Zweckes. Aus diesem Grunde ist es bereits Aufgabe des Physikers (Naturphilosophen), theorethisch die Seele zu untersuchen, entweder jede oder eine solche (affektbegabte) Seele. Auf verschiedene Weise aber würden der Physiker und der Dialektiker über jeden der Affekte handeln, z.B. was der Zorn ist. Der eine würde ihn nähmlich als Streben nach Wiedervergeltung des Schmerzes oder ähnlich definieren, der andere als Sieden des Blutes, das um das Herz fliesst und warm ist. Der eine gibt von den Affekten die Materie wieder, der andere die Form und den Begriff..."

Die Passionen manifestieren sich demnach stets in der Verbindung der Seele mit dem Körper; der Körper erfährt durch sie eine Veränderung, doch ebenso die Seele, da sie an den Körper gebunden ist; insofern können bzw. müssen die Passionen sowohl als physische als auch als psychische Manifestationen betrachtet werden. Sie sind weder gut noch schlecht, ihr Wert wird vielmehr von Überfluss oder Mangel bestimmt (auch ein zu geringes Erzürnen oder gar kein Erzürnen in den Fällen, in denen es angebracht wäre, stellt einen Mangel dar, wie aus der folgenden kurzen Passage ersichtlich wird:

> βούλεται γὰρ ὁ πρᾶος ἀτάραχος εἶναι καὶ μὴ ἄγεσθαι ὑπὸ τοῦ πάθους, ἀλλ'ὡς ἂν ὁ λόγος τάξῃ, οὕτω καὶ ἐπὶ τούτοις καὶ ἐπὶ τοσοῦτον χρόνον χαλεπαίνειν· ...[9] (Nikomachische Ethik, Buch IV, 5, 1125 34 ff.).

Hieraus lässt sich entnehmen, dass eine Passion wie Zorn ausgesprochen vernünftig sein kann, wenn sie maßvoll und der Situation angemessen ist).

Auf die Natur und ethische Bedeutung der Passionen wird, wie mir scheint, auch in der folgenden Passage hingewiesen (Nikomachische Ethik, Buch II, 5, 1105b 19ff.):

> Μετὰ δὲ ταῦτα τί ἐστιν ἡ ἀρετὴ σκεπτέον. ἐπεὶ οὖν τὰ ἐν τῇ ψυχῇ γινόμενα τρία ἐστί, πάθη δυνάμεις ἕξεις, τούτων ἄν τι εἴη ἡ ἀρετή. λέγω δὲ πάθη μὲν ἐπιθυμίαν ὀργὴν φόβον θάρσος φθόνον χαρὰν φιλίαν μῖσος πόθον ζῆλον ἔλεον, ὅλως οἷς ἕπεται ἡδονὴ ἢ λύπη· ... πάθη μὲν οὖν οὐκ εἰσὶν οὔθ'αἱ ἀρεταὶ οὔθ'αἱ κακίαι, ὅτι οὐ λεγόμεθα κατὰ τὰ πάθη σπουδαῖοι ἢ φαῦλοι, κατὰ δὲ τὰς ἀρετὰς καὶ τὰς κακίας λεγόμεθα, καὶ ὅτι κατὰ μὲν τὰ πάθη οὔτ'ἐπαινούμεθα οὔτε ψεγόμεθα (οὐ γὰρ ἐπαινεῖται ὁ φοβούμενος οὐδὲ ὁ ὀργιζόμενος, οὐδὲ ψέγεται ὁ ἁπλῶς οργιζόμενος ἀλλ'ὁ πῶς), κατὰ δὲ τὰς ἀρετὰς καὶ τὰς κακίας επαινούμεθα ἢ ψεγομεθα. ἔτι οργιζόμεθα μὲν καὶ φοβούμεθα ἀπροαιρέτως, αἱ δ'ἀρεταὶ προαιρέσεις τινὲς ἢ οὐκ ἄνευ προαιρέσεως. πρὸς δὲ τούτοις κατὰ μὲν τὰ πάθη κινεῖσθαι λεγόμεθα, κατὰ δὲ τὰς αρετὰς καὶ τὰς κακίας οὐ κινεῖσθαι ἀλλὰ

9 „denn der Milde soll doch derjenige sein, der sich nicht erregt und nicht von der Leidenschaft beherrscht wird, sondern handelt, wie es die Vernunft anordnet, und demgemäss beim richtigen Anlass und die richtige Zeit hindurch zürnt“.

διακεῖσθαί πως... εἰ οὖν μήτε πάθη εἰσὶν αἱ ἀρεταὶ μήτε δυνάμεις, λείπεται ἕξεις αὐτὰς εἶναι.[10]

Die Passionen gehören zu den drei Elementen, „die es in der Seele gibt", was ihre Wichtigkeit unterstreicht; sie stehen in einem dynamischen Verhältnis zu Lust und Schmerz; der Mensch gilt nicht aufgrund ihres Vorhandenseins oder Nichtvorhandenseins als gut oder schlecht: die Passionen sind somit ethisch neutral, da sie nicht vom Wollen (βούλησις) abhängen, sondern den Menschen vielmehr ohne sein Wollen „bewegen", während die Tugenden und Laster vom Wollen nicht unabhängig sind.

Die Tugend, nach der der vernünftige Seelenteil streben muss (so wie der unvernünftige nach Lust strebt), besteht in der Mäßigung („μεσότης"), nicht in der Unterdrückung oder Ausmerzung der Passionen.

Aristoteles zeigt ganz klar zwei Sichtweisen des Problems der Passionen auf, die am entscheidenden und ungeklärten Schnittpunkt „Geist-Körper" verortet sind, und nimmt damit vorweg, was noch viele andere im Lauf der folgenden Jahrhunderte wiederholen werden.

10 „Jetzt haben wir zu untersuchen, was die Tugend ist. Wenn es in der Seele drei Dinge gibt, die Leidenschaften, Fähigkeiten und Eigenschaften, so wird die Tugend wohl eins von diesen dreien sein. Unter Leidenschaften verstehe ich Begierde, Zorn, Angst, Mut, Neid, Freude, Liebe, Hass, Sehnsucht, Missgunst, Mitleid und allgemein alles, bei dem Lust und Schmerz dabei sind...
Weder Tugend nocht Schlechtigkeit sind nun Leidenschaften. Wir gelten ja auch nicht auf Grund der Leidenschaften als gut oder gemein, sondern auf Grund von Tugend und Schlechtigkeit. Weiterhin werden wir nicht wegen der Leidenschaften gelobt oder getadelt (denn man lobt nicht den Ängstlichen oder den Zürnenden überhaupt, sondern den in gewisser Weise Zürnenden), sondern beides nur wegen der Tugend oder Schlechtigkeit. Ferner zürnen wir und fürchten uns ohne Willensentscheidung, die Tugenden dagegen sind Entscheidungen oder doch nicht ohne Entscheidung. Ausserdem sagen wir, dass wir durch die Leidenschaften in Bewegung versetzt werden, bei den Tugenden und Schlechtigkeiten reden wir aber nicht von Bewegung, sondern von einer bestimmten Verfassung... Wenn also die Tugenden weder Leidenschaften noch Fähigkeiten sind, so bleibt nur, dass sie Eigenschaften sind".

Die Philosophen der „Säulenhalle“ (Stoa) von Zenon und danach von Chrysippos werden den „Kampf gegen die Passionen“ zum zentralen Thema ihrer Ethik machen. Von einer klar gegliederten Theorie der Stoiker diesbezüglich haben wir jedoch keine Kenntnis, auch wenn sie, hinsichtlich der Natur der Passionen, mit den Peripatetikern dahingehend übereinstimmen, sie als eine „Bewegung der Seele“ zu betrachten; zudem werden sie eine sorgfältige Klassifizierung einer überaus großen Zahl von Passionen vornehmen.

Was die Passionslehre betrifft, gelten, wie es scheint, die peripatetische und die stoische Schule schon in der Antike als Gegensätze. So äußert sich Cicero wie folgt (Tusculanae Disputationes, IV, 9):

> Quia Chrysippus et Stoici cum de animi perturbationibus disputant, magnam partem in his partiendis et definiendis occupati sunt, illa eorum perexigua oratio est, qua medeantur animis nec eos turbulentos esse patiantur, Peripatetici autem ad placandos animos multa adferunt, spina partiendi et definiendi praetermittunt…

Augustinus gibt jedoch eine differenziertere Bewertung ab (De civitate Dei, IX, 4, 1):

> Duae sunt sententiae philosophorum de his animis motibus, quae Graeci πάθη, nostri autem quidam, sicut Cicero, perturbationes, quidam affectiones vel affectus, quidam vero, sicut iste, de Graeco expressius passiones vocant. Has ergo perturbationes sive affectiones sive passiones quidam philosophi dicunt etiam in sapientem cadere, sed moderatas rationique subiectas, ut eis leges quodam modo, quibus ad necessarium redigantur modum, dominatio mentis imponat. Hoc qui sentiunt, Platonici sunt sive Aristotelici, cum Aristoteles discipulus Platonis fuerit, qui sectam Peripateticam condidit. Aliis autem, sicut Stoicis, cadere ullas omnino huiusce modi passiones in sapientem non placet. Hos autem, id est Stoicos, Cicero in libris de finibus bonorum et malorum verbis magis quam rebus adversus Platonicos seu Peripateticos certare convincit… Videtur ergo mihi etiam in hoc, ubi quaeritur utrum accidant sapienti passiones animi, an ab eis sit prorsus alienus de verbis eos potius quam de rebus facere controversiam. Nam et ipsos nihil hinc aliud quam Platonicos et Peripateticos sentire existimo, quantum ad vim rerum attintent, non ad vocabulorum sonum.

Nach Augustinus (der, wie mir scheint, das terminologische Problem erkennt, das meinen Ausgangspunkt darstellt) korrigiert Cicero sich selbst: in den „Tusculanae“ stellt er Stoiker und Peripatetiker als gegensätzlich dar, in „De finibus“ nähert er sie wesentlich aneinander an.

Diogenes Laertios wie auch Cicero überliefern die von Zenon aufgestellte Definition von „Passion“ (Pathos), die in Ciceros Tusculanae Disputationes (IV, 11) folgendermaßen wiedergegeben wird:

> Est igitur Zenonis haec definitio, ut perturbatio sit, quod „pathos“ ille dicit, aversa a recta ratione contra naturam animi commotio.

(Cicero fährt dann so fort:

> Quidam breuius perturbatorem esse adpetitum uehementiorem, sed uehementiorem eum uolunt esse, qui longius discesserit a naturae constantia.

Mit „vehementior“ kehrt hier das unbestimmte quantitative Kriterium zurück, dem wir bereits begegnet sind und dem wir auch weiterhin begegnen werden).

Sowohl „commotio“ als auch „κίνησις“ (der von Diogenes Laertios verwendete Begriff) erinnern an die aristotelische Auffassung; doch ist die negative Bewertung der Passionen unüberhörbar: während Aristoteles sie für notwendig und natürlich erachtete, sind sie für die Stoiker unvernünftig und widernatürlich.

Auf diese Definition folgt die des Chrysippos (weiterhin von Diogenes Laertios zitiert), nach dem Passionen „Urteile“ sind („...τα πάθη κρίσἐις εἶναι...“, SVF Ethik, 456) oder Vernunftsäußerungen, die unmittelbar auf ein Urteil folgen, wobei es sich immer um falsche Äußerungen bzw. um Fehlurteile handelt.

Diese Ansicht wird auch von Mark Aurel aufrechterhalten: „῞Οτι πάντα ὑπόληψις· καὶ αὔτη ἐπὶ σοί“ (Selbstbetrachtungen, XII, 22). Das Gleiche gilt auch für Epiktetos, wie P. Hadot in „Exercices spirituels et philosophie antique“, 1981 anmerkt:

> Le troisième thème, celui de la discipline de l'assentiment, repose sur le dogme stoïcien, si bien exprimé par Epictète (Manuel § 5): «Ce ne sont pas les choses qui troublent les hommes, mais leurs jugements sur les choses.» Tout est affaire de jugement, et le jugement dépends de nous. De nombreuses sentences dénoncent donc ce que les jugements de valeur ajoutent faussement à la réalité.

In der stoischen Auffassung fehlt das Konzept der Bewegung. Die Seele setzt sich nach ihnen nicht mehr aus verschiedenen Teilen zusammen sondern ist eine Einheit; die „leidenschaftlichen“ Manifestationen sind Abweichungen von ihrer einfachen und der Vernunft (λόγος) entsprechenden Natur.

Wenn das Universum für die Stoiker ein von der Vernunft geordneter ganzheitlicher Organismus ist, so versteht sich, dass die Passionen als unvernünftige Kräfte widernatürlich sein müssen, ja sogar als wahre Krankheiten der Seele (νοσηματα, morbus) betrachtet werden. Aus ihrer „Widernatürlichkeit“ folgt die Bedeutung, die sie in der stoischen Ethik und in der gesamten stoischen Philosophie erlangen (auch wenn nicht verständlich ist, wie in einem von der Vernunft geordneten Universum Krankheiten, insbesondere „moralischer“ Art wie die Passionen, überhaupt erst entstehen können). Die Passionen sind daher in der Seele nicht einfach nur „zu mäßigen“, sondern aus ihr „auszumerzen“. Klar und deutlich hierzu Seneca (Epistulae morales ad Lucilium, ep. 116):

> Utrum satius sit modicos habere affectus an nullos, saepe quaesitum est: nostri illos expellent, Peripatetici temperant. Ego non video quomodo salubris esse aut utilis possit ulla mediocritas morbi.

Dieser Radikalität widerspricht Cicero, ein wenig überraschend, in „Tusculanae“ IV, 22:

> Omnium autem perturbationum fontem esse dicunt (Stoiker) intemperantiam... temperantia sedat adpetitiones... intemperantia omnem animi statum inflammat conturbat incitat...

Doch, so fragt man sich, wenn die Maßlosigkeit die Ursache der Passionen ist, so kann doch nur die Mäßigung (und nicht die Ausmerzung) ihr Gegenmittel sein; „besänftigen“ ist nicht synonym mit „ausrotten“...

Die Stoiker unterscheiden vier Grundpassionen:

1) Schmerz/Unlust/λύπη/tristitia;
2) Begierde/ἐπιθυμία/concupiscentia;
3) Lust/Freude/ἡδονή/delectatio;
4) Furcht/φόβος/timor;

aus denen sich, nach Mechanismen, die meist nicht sehr durchschaubar sind, eine große Anzahl von „sekundären Passionen" ableiten (über 70 werden in der Schrift „Περὶ παθῶν" des Pseudo Andronikos erwähnt). Die vier Grundpassionen (so erklärt Pseudo-Andronikos) werden durch drei Gegensatzpaare genauer bestimmt, deren zugrundeliegende Konzeption aristotelische Herkunft verrät. Es handelt sich hierbei um Gegensätze in der Bewegung (Schmerz und Furcht bewirken ein Wegstreben vom Objekt, Lust und Begierde ein Hinstreben), in der Art ihres Objekts (Gut für Lust und Begierde, Schlecht für Schmerz und Furcht) und im zeitlichen Bezug (Schmerz und Lust beziehen sich auf die Gegenwart, Begierde und Furcht auf die Zukunft).

Ein schwer verständlicher Punkt der stoischen Passionslehre ist das Vorhandensein von „guten Passionen", „εὐπαθείαι", also Passionen, die mit der Vernunft und der Natur konform gehen – ein scheinbares Paradox, nach allem was wir bisher gehört haben. Von Diogenes Laertios (SVF 431) werden derer drei aufgezählt: Gaudio (χαρά, Freude), die der Lust gegenübergestellt wird; Vorsicht (εὐλάβεια, cautio), die der Furcht gegenübergestellt wird; und Wollen (βούλησις, voluntas), das der Begierde gegenübergestellt wird. Der Unlust steht keine positive Passion gegenüber; es gibt kein vernünftiges Verhalten in Anbetracht eines gegenwärtigen Übels, dem der Weise wahrscheinlich mit vollständiger „ἀπάθεια" gegenübertreten muss. Die Abgrenzung von „εὐπάθεια" und „ἀπάθεια" ist schwierig.

Diese „Taxonomie" der Passionen wird zu einem Bezugsmodell für viele spätere Passionstheorien, wobei sich Spuren davon auch noch in zeitgenössischen Theorien finden lassen (ich denke hier insbesondere an P. Ekmann, s.u.), und sie enthält – vom psychologisch-psychodynamischen Gesichtspunkt aus betrachtet – einige sehr interessante Elemente.

Der ἀπάθεια stellen Akademiker und Peripatetiker die „μετριοπάθεια" gegenüber (die der aristotelischen „μεσότης" entspricht) bzw. *die Mäßigung der Passionen gemäß der rechten Mitte.*

Es wurden somit zwei Positionen aufgezeigt, die sich – trotz der von Augustinus und Cicero angeführten Einschränkungen – gegenüber stehen: „Passionen" als natürliche und moralisch wertfreie Bestandteile der Seele, die hinzunehmen und zu mäßigen sind, *versus* „Passionen“ als widernatürliche und moralisch negativ zu bewertende Krankheiten der Seele, die es auszumerzen gilt.

Auch *Plotin* und die *Neuplatoniker* vertraten die Ansicht, die Passionen seien auszumerzen. Plotin (205–270) spricht schon im ersten Absatz der Enneaden I davon:

> ῾Ηδοναὶ καὶ λῦπαι φόβοι τε καὶ θάρρη ἐπιθυμίαι τε καὶ ἀποστροφαὶ καὶ τὸ ἀλγεῖν τίνος ἂν εἶεν; Ἢ γὰρ ψυχῆς, ἢ χρωμένης ψυχῆς σώματι, ἢ τρίτου τινὸς ἐξ ἀμφοῖν. Διχῶς δὲ καὶ τοῦτο· ἢ γὰρ τὸ μῖγμα, ἢ ἄλλο ἕτερον ἐκ τοῦ μίγματος. ῾Ομοίως δὲ καὶ τὰ ἐκ τούτων τῶν παθημάτων γίνόμενα καὶ πραττόμενα καὶ δοξαζόμενα. Καὶ οὖν καὶ διάνοια καὶ δόξα ζητητέαι, πότερα ὧν τὰ πάθη, ἢ αἱ μὲν οὕτως, αἱ δὲ ἄλλως. Καὶ τὰς νοήσεις δὲ θεωρητέον, πῶς καὶ τίνος, καὶ δὴ καὶ αύτὸ τοῦτο τὸ ἐπισκοποῦν καὶ περὶ τούτων τὴν ζήτεησιν καὶ τὴν κρίσιν ποιούμενον τί ποτ᾽ἂν εἶη. Καὶ πρότερον τὸ αἰσθάνεσθαι τίνος; ᾽Εντεῦθεν γὰρ ἄρχεσθαι προσήκει, ἐπείπερ τὰ πάθη ἤ εἰσιν αἰσθήσεις τινὲς ἢ οὐκ ἄνευ αἰσθήσεως.[11]

Das Problem wird unmittelbar in seiner Komplexität gestellt: es geht nicht nur darum, festzustellen, wo die „Passionen“ entstehen, sondern auch in welchen Beziehungen sie zu anderen seelischen Erscheinungen stehen, wie Ueberlegungen, Denkakten, Wahrnehmungen.

11 „Lust und Unlust, Furcht und Mut, Begierde und Abneigung, und der Schmerz, wer ist ihr Träger? Das könnte ja entweder die Seele sein, oder die sich des Leibes bedienende Seele, oder ein drittes, das aus diesen beiden Zusammengesetztes (und das liesse sich ebenfalls wieder zweifach verstehen: es könnte entweder blosse Mischung sein, oder ein aus der Mischung entstehendes Neues). Dasselbe dürfte gelten von dem, was aus diesen Gemütsbewegungen entspringt an Handlungen oder Meinungen. Ueberlegung und Meinung sind ferner daraufhin zu prüfen, ob sie denselben Träger haben wie die Leidenschaften, oder ob dies nur für einige von ihnen zutrifft, während die übrigen auf andere Weise zustande kommen. Aber auch die Denkakte erfordern eine Untersuchung, welche Bewandtnis es mit ihnen hatte und wer ihr Träger ist; und schliesslich ist auch eben dies prüfende Vermögen selber, welches jetzt eben über die Fragen die Untersuchung und die Beurteilung anstellt, darauf zu befragen, was es eigentlich sei. Zuvor aber wäre noch zu bestimmen, welchem Träger die Wahrnehmung zugehört; denn von da muss man ausgehen, da die Gemütsbewegungen entweder selber eine Art Wahrnehmungen sind oder doch nicht ohne Wahrnehmung stattfinden.

Plotin fährt fort (Enneaden, III 6, 4), indem er z. T. auf die soeben erwähnten Fragen antwortet und die stoische Gleichung zwischen (gewissen) „Passionen“ und Urteil zu bejahen scheint:

> Περὶ δὲ τοῦ λεγομένου παθητικοῦ τῆς ψυχῆς ἐπισκεπτέον....... Λέγεται δὴ πάντως περὶ ὃ τὰ πάθη δοκεῖ συνίστασθαι· ταῦτα δ'ἐστὶν οἷς ἕπεται ἡδονὴ καὶ λύπη. Τῶν δὲ παθῶν τὰ μὲν ἐπὶ δόξαις συνίσταται, ὡς ὅταν δοξάσας τις μέλλειν τελευτᾶν[10] ἴσχῃ φόβον, ἢ οἰηθεὶς ἀγαθὸν αὐτῷ τι ἔσεσθαι ἡσθῇ τῆς μὲν δόξης ἐν ἄλλῳ, τοῦ δὲ πάθους κινηθέντος ἐν ἄλλῳ· τὰ δέ ἐστιν ὡς ἡγησάμενα αὐτὰ ἀπροαιρέτως ἐμποιεῖν ἐν τῷ πεφυκότι δοξάζειν τὴν δόξαν[12].

In den Enneaden VI 8, 6, erklärt Plotin schließlich: „τὸ ἄυλόν ἐστι τὸ ἐλεύθερον....“ und (supra)

> ἀδέσποτα δὲ ὄντα ταῦτα τὸν μὲν ἐφ' αὐτοῦ εἶναι, τὴν δὲ ἀρετὴν βούλεσθαι μὲν ἐφ' αὐτῆς εἶναι ἐφεστῶσαν τῇ ψυχῇ, ὥστε εἶναι ἀγαθήν, καὶ μέχρι τούτου αὐτήν τε ἐλευθέραν[10] καὶ τὴν ψυχὴν ἐλευθέραν παρασχέσθαι· προσπιπτόντων δὲ τῶν ἀναγκαίων παθημάτων τε καὶ πράξεων ἐφεστῶσαν ταῦτα μὲν μὴ βεβουλεῦσθαι γενέσθαι, ὅμως γε μὴν καὶ ἐν τούτοις διασώσειν τὸ ἐφ' αὐτῇ εἰς αὐτὴν καὶ ἐνταῦθα ἀναφέρουσαν· .... Δεῖ δὲ τὴν ἀρετὴν ταύτην νοῦν τινα λέγειν εἶναι οὐ συναριθμοῦντα τὰ πάθη τὰ δουλωθέντα ἢ μετρηθέντα τῷ λόγῳ· ταῦτα γὰρ ἔοικέ, φησιν, ἐγγύς τι [25]τείνειν τοῦ σώματος ἔθεσι καί ἀσκήσεσι κατορθωθέντα.[13]

12 „Wir müssen nun noch über den sogenannten affektiven Teil der Seele handeln... Man nennt ja durchweg dasjenige so, an dem sich die Affekte zu vollziehen scheinen; diese aber sind das, dem Lust und Unlust folgen. Von den Affekten kommen die einen auf Grund von Meinungen zustande, wenn z. B. einer in der Meinung, er solle sterben, Furcht bekommt oder im Glauben, ihm werde etwas Gutes zuteil werden, sich freut; wobei der Träger der Meinung verschieden ist von dem Träger des Affektes. Die andern sind derart, dass sie selber vorangehen und unwillkürlich in dem Organ, das von Natur Träger der Meinung ist, eine Meinung hervorrufen“.

13 „Das Materiefreie ist das Freie...“ und (supra) „...indem nun diese beiden [Tugend und Geist] keinen Herren dienstbar sind, besteht der Geist auf sich selber, die Tugend aber hat den Willen, auf sich selber zu bestehen, indem sie über die Seele waltet, sodass diese eine gute Seele wird, und bis zu dieser Grenze ist sie selbst frei und macht auch die Seele frei; wenn dann aber die notwendigen Leidenschaften sowohl wie die Taten sich einstellen, so hat sie, die obwaltende,

Die Passionen sind somit für ihn, wie für Platon, schwere Fesseln, von denen sich die Seele befreien muss. Dabei hilft ihr die Tugend; die Passionen, wie gemäßigt sie auch sein mögen, sind kein Teil von ihr.

An verschiedenen Stellen hebt Plotin das Problem der Beziehung zwischen Seele und Körper hervor, insbesondere die Frage danach, wie die Seele empfinden kann, wenn sie vom Körper getrennt ist (eine Frage, die sich später bei Descartes wiederfindet – vgl. D. O'Meara, Plotin, Une introduction aux Ennéades, 1992.).

Wie Hadot schreibt, op.cit. (italienische Ausgabe, S. 16):

> ... secondo Plotino, non si può conoscere l'anima se non ci si purifica delle proprie passioni per esperire in sé la trascendenza dell'anima rispetto al corpo, e non può conoscere il principio di tutte le cose chi non abbia l'esperienza dell'unione con esso.
>
> [... kann man, nach Plotin, die Seele nicht erkennen, wenn man sich nicht von den eigenen Leidenschaften reinigt, um in sich die Transzendenz der Seele dem Körper gegenüber zu erfahren, und das Prinzip aller Dinge kann nicht erkennen, wer nicht die Erfahrung der Einheit mit diesem besitzt.]

Und (ebenda, französische Ausgabe S. 70): „La perfection spirituelle apparait aussi comme une *apatheia*, comme une absence totale de passions, conception stoïcienne reprise par le néoplatonisme".

Die „ἀπάθεια" ist somit der Abschluss eines fortgesetzten Reinigungsprozesses:

> Selon Porphyre, l'âme commence, grâce aux vertus politiques, à dominer ses passions par la metriopatheia, puis elle s'élève au niveau des vertus cathartiques; celles-ci commencent à détacher l'âme du corps, mais pas ancore complètement: il y a un début d'apatheia. Ce n'est qu'au niveau des vertus théorétiques que

---

zwar nicht gewollt, dass diese daseien, trotzdem wird sie auch so ihre freie Verfügung sich erhalten, indem sie sie auch hier auf sich selbst zurückführt: sie richtet sich nicht nach den Ereignissen... diese Tugend wird man angemessen eine Art von Geist nennen, wobei man die Leidenschaften, welche von der Vernunft unterworfen oder ins Mass gebracht wurden, nicht einrechnet; denn diese ‚reichen', wie es heisst, ‚in die Nähe des Leibes, durch Gewohnheit und Uebung' zu Recht gerügt".

l'âme atteint une pleine apatheia et une parfaite séparation avec le corps. C'est précisément à ce niveau que l'âme contemple les êtres qui sont dans l'Intellect divin (S. 71).

Auch wenn er sich eher auf den Neuplatonismus als auf den Stoizismus beruft, nimmt *Augustinus* (470–524) die vier Hauptpassionen der Stoiker wieder auf, präsentiert sie jedoch, in Übereinstimmung mit der christlichen Sichtweise, als Ausdruck einer übergeordneten „Passion", der Liebe.

Nam cuius propositum est amare Deum et non secundum hominem, sed secundum Deum amare proximum, sicut etiam se ipsum: procul dubio propter hunc amorem dicitur voluntatis bonae... Recta itaque voluntas est bonus amor et voluntas perversa malus amor.... Amor ergo inhians habere quod amatur cupiditas est, id autem habens eoque fruens laetitia; fugiens quod ei adversatur, timor est, idque si acciderit sentiens tristitia est. Proinde mala sunt ista, si malus amor est; bona, si bonus. – De civitate Dei, XIV, 7).

Zur Unterscheidung der beiden Arten von Liebe wird ein Kriterium eingeführt, das die (gute) „amor Dei" von der (schlechten) „amor sui" trennt.

Auch hier finden sich wieder aristotelische Elemente im Zusammenhang mit den vier Hauptpassionen der Stoiker. Der rechte (vernünftige) Wille ist die βούλησις, der verkehrte ἐπιθυμία.

Augustinus hebt den aktiven Charakter der Emotionen und ihren Aspekt der Verantwortlichkeit hervor:

Interest autem qualis sit voluntas hominis; quia si perversa est, perversos habebit hos motus; si autem recta est, non solum inculpabiles, verum etiam laudabiles erunt. Voluntas est quippe in omnibus; immo omnes nihil aliud quam voluntates sunt. – Ebenda XIV, 6.

Die Passionen werden somit nicht wie bei Aristoteles auf der Grundlage beispielsweise des Kriteriums „Aktivität-Passivität" oder ihrer ethischen Bedeutung beurteilt. Sie sind Ausdruck von Liebe (aber auch des Willens, der, zumindest teilweise, mit der Liebe verschmilzt) und ihr Wert ist von der Art der Liebe abhängig.

Für Augustinus sind Passionen nicht unbedingt negativ, ἀπάθεια hingegen, die er als Mangel an Sensibilität und Mitgefühl betrachtet, wird von ihm negativ bewertet

> (Irasci enim peccanti ut corrigatur, contristari pro adflicto ut liberetur, timere periclitanti ne pereat, nescio utrum quisquam sana consideratione reprehendat. Nam et misericordiam Stoicorum est solere culpare; sed quanto honestius ille Stoicus misericordia perturbaretur hominis liberandi quam timore naufragii – ebenda, IX,5)

was, noch dazu, in diesem Leben unerreichbar ist:

> Quocirca illa, quae ἀπάθεια Graece dicitur (quae si Latine posset inpassibilitas diceretur), si ita intellegenda est (in animo quippe, non in corpore accipitur), ut sine his affectionibus vivatur, quae contra rationem accidunt mentemque perturbant, bona plane et maxime optando est, sed nec ipsa huius est vitae... Tunc itaque ἀπάθεια ista erit, quando peccatum in homine nullum erit. Nunc vero satis bene vivitur, si sine crimine... Ebenda, XIV, 9, 4.

Thomas von Aquin (1225–1274) beschäftigt sich mit den Passionen zum ersten Mal in der „Quaestio" 26, „De passionibus animae" aus der Schrift „Quaestiones quodlibetales de veritate" (1256–59), in der er Elemente der mittelalterlichen Tradition wieder aufnimmt, wie beispielsweise die von Boethius (ca. 480–526) im „De consolatione philosophiae" vorgenommene Vierteilung der Passionen, wobei dieser „libido" bzw. „cupiditas" durch „spes" ersetzt hat (die anderen sind nach stoischer Lehre timor, gaudium und tristitia).

Vom philosophischen (aber auch theologischen) Gesichtspunkt aus betrachtet von sehr viel größerer Bedeutung ist jedoch das „Passionstraktat", das aus den „Quaestiones" 22–48 der „Prima Secundae Partis" der „Summa theologiae" besteht. In der „Prima Secundae" diskutiert Thomas die „beatitudo" als Zweck der menschlichen Existenz (QQ 1–5), danach die menschlichen Handlungen (actus) (QQ 6–21) und die Passionen (QQ 22–48), schließlich die Tugenden und Sünden (habitus – ἕξις bei Aristoteles) als innere Prinzipien des Handelns sowie Gesetz und Gnade als äußere Handlungsprinzipien. C. Newmark schreibt dazu (op. cit., S. 71):

Das thomistische Passionstraktat ist also eingebettet in eine eudämonistische Ethik und steht zwischen Handlungstheorie und Tugendethik; die Diskussion der *passiones* folgt direkt derjenigen der *actus* in der Handlungslehre – der Bezug zur aristotelischen Ethik und zu den Kategorien der *actio* und der *passio* ist unübersehbar.

Thomas führt die „naturwissenschaftliche" Bewegungslehre und die psychologische Lehre der „ὄρεξις" zusammen und erklärt auf dieser Grundlage die Passion als Bewegung des appetitus sensitivus. Dieser wird nach dem aristotelischen Modell von ἐπιθυμία und θυμός in *concupiscibilis* und *irascibilis* unterteilt. Der erstgenannte strebt nach dem Guten und Nützlichen und flieht dementsprechend das Schlechte und Schädliche; der letztere verhält sich ebenso, hat dabei jedoch Hindernisse zu überwinden

(Una, per quam anima simpliciter inclinatur ad prosequendum ea queae sunt convenientia secundum sensum, et ad refugiendum nociva: et haec dicitur concupiscibilis. Alia vero, per quam animal resistit impugnantibus, queae convenientia impugnante et nocumenta inferunt: et haec dicitur concupiscibilis. Unde dicitur quod eius obiectum est arduum: quia scilicet tendit ad hoc quod superet contraria, et superemineat eis – Summa theologiae, Ia Q 81, a.2, corp).

Die Passionen sind für ihn jedoch nicht so sehr unter psychologischen als vielmehr unter ethischen Gesichtspunkten von Bedeutung, was darin zum Ausdruck kommt, dass sie im ersten Teil der „Summa theologiae" (der „Summa naturalis"), in der es unter anderem um anthropologische und psychologische Fragestellungen geht, gar keine Erwähnung finden, auch wenn hier der psychologische Rahmen erklärt wird, in den sich die Passionen später einfügen werden.

Die von Thomas gelieferte Erklärung der Passionen und die von ihm vorgenommene Klassifizierung sind sehr komplex. Eine Beschäftigung damit würde daher weit über das Ziel dieser Arbeit hinausgehen. Ein wenig schweren Herzens muss ich mich daher darauf beschränken daran zu erinnern, dass er elf Hauptpassionen unterscheidet, wobei sechs davon dem begehrenden Strebevermögen *(appetitus concupiscibilis)* zugerechnet werden (jeweils paarweise: amor et odium, concupiscentia/desiderium et fuga, gaudium/delectatio et dolor/tristitia), fünf dem aufbegehrenden Strebevermögen *(appetitus irscibilis)* (spes et desperatio, timor et audacia, ira), wobei Amor den ersten Platz unter den Hauptpassionen einnimmt, und dass er, hinsichtlich der Ethik, weniger den Stoikern als Aristoteles zuneigt:

> Non enim passiones dicuntur morbi vel perturbationes animae, nisi cum carent moderatione rationis (Ia IIae Q. 24, a. 2, corp).

Diese Aussage ist nicht ganz unzweideutig und lässt die Frage nach der Abgrenzung der „normalen Passionen" von den „pathologischen Passionen" unbeantwortet, auch wenn Thomas darauf hinweist, dass die Passionen – in der Regel – von der Vernunft gemäßigt (also nicht „ausgemerzt") werden müssen.

Im 17. Jahrhundert setzt sich der *Neostoizismus* durch. Der aktivste Denker dieser Bewegung war der Flame Joost Lips (Justus Lipsius, 1547–1606), der in seinen hauptsächlich an das Vorbild Seneca angelehnten philosophischen Schriften weniger eine neue Emotionstheorie oder -systematik vorstellt, sondern vielmehr hervorhebt, wie wichtig es ist, das Ideal der Apathie zu verfolgen. Das moralische Gewicht, das diesem Ziel beigemessen wird, hat spaltenden Einfluss auf die nachfolgenden philosophischen Schulen, die teilweise eine Neubewertung der Passionen vornehmen; in diesem Zusammenhang erlangt die Bewegung der „Libertins", die im 17. Jahrhundert ihre Blütezeit hatte, deren Wurzeln aber viel älter waren und bis zu Joachim von Fiore (etwa 1130–1202) zurück reichen, besondere Bedeutung.

Die Auseinandersetzung mit den Passionen findet in der Folge – angefangen bei Descartes – auf der Grundlage „naturwissenschaftlich basierter Theorien" statt, ebenso sehr eine Reaktion auf die stoische Moral wie auf die scholastische Metaphysik.

Die Emotionslehre von *René Descartes* (1596–1650) ist in seinem Werk „Les passions de l'âme" von 1649 vollständig enthalten. Dieser letzte von Descartes vor seinem Tod veröffentlichte Text stützt sich ganz offensichtlich auf seine früheren metaphysischen und anthropologischen Schriften, jedoch auch auf den intensiven Briefwechsel mit der Prinzessin Elisabeth von Böhmen.

Für Descartes existieren drei Substanzen, von denen die erste (Gott) perfekt ist, unveränderbar und in seinen Absichten undurchschaubar. Die beiden anderen sind die „res extensa" (die Materie, aus der sich der Körper zusammensetzt) und die „res cogitans" (die Seele, die für Descartes nicht wie für seine von uns bereits erwähnten Vorgänger in einen vernünftigen, begehrenden und aufbegehrenden – oder ähnlichen – Teil unterteilt werden kann, sondern ausschließlich vernünftig ist). Dies hat zur Folge, dass die Wahrnehmungen und Empfindungen, die für die vorangegangenen Philosophen als Seelenvermögen mit der Bewegung der Seele, dem Bewegungskonzept (movens-motum) und dem Konzept des „ὄρεξις" oder „appetitus" zusammenhingen, nun ausschließlich als Körperfunktionen betrachtet werden. Der erste Teil der Abhandlung besteht daher aus einer umfassenden „Physiologie", mit der Descartes seine medizinisch-physiologischen Kenntnisse demonstriert. So gibt Descartes dann auch selbst zu, das Thema „en physicien" zu behandeln, wobei er sich, zu Beginn, „expressis verbis" von vorhergehenden Theorien, insbesondere von denen der „Schule", distanziert und eine vollkommen neue Sichtweise für sich beansprucht („...C'est pourquoi je serai obligé d'écrire ici en même façon que si je traitais d'une matière que jamais personne avant moi n'eût touchée". – „Les Passions de l'âme", Teil I, art. 1).

Descartes verbreitet sich über die Funktion der Nerven als Verursacher der Empfindungen, wobei er sie mit „Schnüren" vergleicht, die, wenn an ihnen gezogen wird, dem Gehirn einen Eindruck, einen Impuls vermitteln, der letztlich eine Information darstellt. Vom Gehirn aus kehrt die entsprechende Reaktion auf diese Informationen in Richtung „Peripherie" des Körpers zurück, wobei sie sowohl durch die Nerven läuft als auch – und überwiegend – durch die *„animalischen Geister"* vermittelt wird. Diese, so präzisiert Descartes, sind nichts anderes als winzige Körper, die im Blut zirkulieren und Informationen vom Gehirn an die Organe weitergeben – beispielsweise an die Muskeln, deren Zusammenziehen oder Entspannung auf die Anwesenheit einer größeren (oder kleineren) Menge von animalischen

Geistern im entsprechenden Muskel zurückzuführen sei, wohin sie sich (in der Regel) aufgrund von durch das Gehirn ausgesendeten Impulsen bewegt haben. Doch bewegen diese sich auch, weil sie vom Herz angetrieben werden, wobei sie sich an der Anatomie der Gefäße orientieren, sodass z.B. nur die raffiniertesten unter ihnen durch das fast geradlinige Aufsteigen vom Herzen über den Aortabogen und die Karotis das Gehirn erreichen. Dort sammeln sie sich (wie es scheint) in den Hirnkammern, bereit, auf die Impulse anzusprechen, die die Seele – im Falle willkürlicher Handlungen – an das Gehirn übermittelt. Im Falle von automatischen Handlungen, die auf über lange Zeit angeeignete Gewohnheiten zurückgehen, sind auch unvernünftige Reaktionen der Geister möglich.

Für die Funktion des Körpers und die Genese der Passionen ist das Herz jedoch von ebenso großer Bedeutung. Es ist die Zentrale, in der (auf welche Weise auch immer) die Lebenswärme produziert wird („… pendant que nous vivons, il y a une chaleur continuelle en notre coeur, qui est une espèce de feu que le sang des veines y entretient…" – Ebenda, art. 8); in ihm weitet sich das Blut aus und strömt dann in die Lungenarterie und in die Aorta, und von dort aus in den ganzen Körper. Descartes erklärt den Blutkreislauf mit einem Prozess, der sich aus der Erhitzung/Ausdehnung und Abkühlung/Verdichtung des Blutes ergibt. Er zählt eine lange Reihe von Eigenschaften auf, durch die der Kreislauf von den Organen beeinflusst werden könne und erklärt dazu wiederum die durch bestimmte Aspekte des Kreislaufs bestimmten Eigenschaften einiger Organe. Mit all diesen Betrachtungen, so interessant sie auch sein mögen, wird jedoch keine Antwort auf eine zentrale Frage gegeben, die bis heute nicht gelöst ist. Wenn „res extensa" und „res cogitans" zwei vollkommen voneinander getrennte Substanzen sind, wie ist es dann möglich, dass sie sich – wie es nach allgemeinem Wissen und allgemeiner Erfahrung der Fall zu sein scheint – gegenseitig beeinflussen? Wie ist es möglich, dass die vernünftige Seele den Körper (als reinen „Mechanismus" komplexer Art, der Dynamiken unterworfen ist, die durch das Studium der Naturgesetze verstanden werden können) veranlassen kann, auf einen Willen zur Bewegung anzusprechen, um ein ganz einfaches Beispiel zu nennen?

Folglich dürfte die Seele nur in der Lage sein, Denkakte auszuführen, ohne von Einflüssen durch Wahrnehmungen aus dem *Außen* noch von Einflüssen durch Wahrnehmungen aus dem *Inneren* des ihr „zugewiesenen“ Körpers beeinflusst zu werden. Descartes vertritt die Ansicht, die mysteriöse Verbindung zwischen Seele und Körper finde in einer „petite glande“ in der Mitte des Gehirns statt, in der Zirbeldrüse. Da sie – im Gegensatz zu den anderen Teilen des Gehirns, die in beiden Gehirnhälften symmetrisch angeordnet sind und mit den (paarweise und symmetrisch angeordneten) Sinnesorganen und den (symmetrisch angeordneten) Nerven in Verbindung stehen – unpaarig ist, scheint sie dazu bestimmt zu sein, die vereinende Funktion innezuhaben, mit der eine Synthese aus den von der „Peripherie“ oder von den Sinnesorganen stammenden Wahrnehmungen hergestellt wird.

Doch macht diese „Erklärung“, so „begründet“ sie auch sein mag, noch nicht deutlich, wie die Verbindung zwischen Körper und Seele erfolgt, und auch nicht die (von Descartes beschriebene) Interaktion zwischen den Bewegungen der Drüse und denen der „Geister“, die ihr, da sie sich in den Hirnkammern befinden, ganz nahe sind.

Im zweiten Teil der Abhandlung beginnt er mit der Beschreibung der Passionen und liefert auch eine psychologische Erklärung für sie. Dabei behält er die physiologischen Aspekte zwar bei, die Mechanismen, die diese oder jene Passion in der Seele entstehen lassen, werden aber in erster Linie psychologisch erklärt. Nehmen wir zum Beispiel das, was er in Art. 79 bezüglich der Liebe und des Hasses geschrieben hat:

> L'amour est une émotion de l'âme causée par le mouvement des esprits, qui l'incite à se joindre de volonté aux objets qui paraissent lui être convenables. Et la haine est une émotion causée par les esprits, qui incite l'âme à vouloir être séparée des objets qui se présentent à elle comme nuisibles. Je dis que ces émotions sont causées par les esprits, afin de distinguer l'amour et la haine, qui sont des *passions* et dépendent du corps, tant des *jugements* qui portent aussi l'âme à se joindre de volonté avec les choses qu'elle éstime bonnes et à se séparer de celles qu'elle éstime mauvaises, que des *émotions* que ces seuls jugements excitent en l'âme“ (meine Kursive).

Wie man sieht, sind Passionen, Urteile und Emotionen klar voneinander getrennte Aspekte; doch, so scheint mir, ist ihre Unterscheidung, zumindest in diesem Abschnitt, nicht besonders klar: Liebe und Hass werden zunächst als *Emotionen* bezeichnet (die daher aus von der Seele erzeugten *Urteilen* hervorgehen müssten), dann jedoch gleich darauf als *Passionen*, die ja vom Körper abhängig sind...

Die Passion wird zu einem psychophysischen Ereignis, das durch die Wahrnehmung/Bewertung eines bestimmten Sachverhalts oder einer bestimmten Situation hervorgerufen wird. „Einfache" Passionen wie Furcht können als Reaktion auf die Wahrnehmung einer Gefahr entstehen und ihren Ausdruck in der Auslösung einer körperlichen Reaktion finden, die zur Flucht oder zu einer waghalsigen Geste führt. Descartes erkennt, dass die gleiche Ursache/Situation bei unterschiedlichen Personen verschiedene „Passionen" auslösen kann, oder ähnliche „Passionen", auf die jedoch unterschiedliche Reaktionen folgen. Den Unterschied bewirken – so sagt er uns, ohne weiter darauf einzugehen – das Temperament oder – wie weiter unten, im letzten Teil erklärt wird – die Tugenden, also die Gewohnheit, das Gute zu wählen und entschlossen nach dieser Wahl zu handeln.

Im zweiten Teil stellt Descartes sechs Hauptpassionen („passions primitives") vor, aus denen zahlreiche „passions particulières" abgeleitet werden. Die Hauptpassionen sind *„l'admiration, la joie, l'amour, la haine, le désir, la tristesse"*. Die „admiration" wird als eine Art „Voraussetzung" für die anderen Passionen gesehen: sie ist die Fähigkeit, mit Interesse auf Neues zu reagieren und geht dem Urteil, das dem Neuen gegeben wird, voraus. Die anderen hingegen sind bereits alle implizit Bewertungen: die Liebe, die Freude und die Begierde im Falle von etwas Gutem; der Hass und der Kummer im Falle von etwas Schädlichem.

Wie auch schon die Stoiker feststellten, beziehen diese sich teilweise auf die Gegenwart, teilweise auf ein (erhofftes oder gefürchtetes) zukünftiges Gutes oder Schlechtes.

Die „passions" manifestieren sich (mit wenigen Ausnahmen) auf somatischer Ebene, in der Mimik sowie auch im Rhythmus und in der Tätigkeit des Herzens, und können über das Pulsfühlen festgestellt werden.

Die „passions particulières“ sind „Mischungen“ der verschiedenen Hauptpassionen; basierend auf der Physiologie von Descartes kann je nach Menge der „Bestandteile“ und den „relativen Proportionen“, aus denen die zusammengesetzte Passion besteht, eine unendliche Vielzahl dieser Passionen hervorgebracht werden.

Ihrer Untersuchung ist der dritte Teil gewidmet, in dem Descartes 34 „passions particulières“ erörtert.

Sowohl im ersten (Art. 50) als auch im zweiten (Art. 148) und im dritten Teil (Art. 211) weist er auf Methoden zur Beeinflussung, Beherrschung, Mäßigung von Passionen hin. Er nimmt historisch überlieferte Empfehlungen wieder auf, wie beispielsweise die, einer Passion entgegenzuwirken, indem man an eine Situation denkt, die eine gegensätzliche Passion hervorruft, und nimmt damit „in nuce“ einige Ansätze der kognitiven Psychotherapie vorweg. Die Apathie untersucht er jedoch nicht, und er beschließt seine Abhandlung mit einer Apologie der Passionen (Art. 212):

> Au reste, l'âme peut avoir ses plaisirs à part. Mais pour ceux qui lui sont communs avec le corps, ils dépendent entièrement des passions, en sorte que les hommes qu'elles peuvent le plus émouvoir sont capables de goûter le plus de douceur en cette vie. Il est vrai qu'ils y peuvent aussi trouver le plus d'amertume lorqu'ils ne les savent pas bien employer et que la fortune leur est contraire. Mais la sagesse est principalement utile en ce point, qu'elle enseigne à s'en rendre tellement maître et à les ménager avec tant d'adresse, que les maux qu'elles causent sont fort supportables, et même qu'on tire de la joie de tous.

In Descartes' Ausführungen wird bereits der Geist der neuen Medizinwissenschaft spürbar, die sich in jenen Jahrzehnten durchzusetzen beginnt und die galenische Medizin ablöst: die „Exercitatio Anatomica de Motu Cordis et Sanguinis in Animalibus“ von William Harvey, mit der die Blutzirkulation nachgewiesen wurde, ist 1628 veröffentlicht worden; abgesehen von der Schwierigkeit, die gegenseitige Beeinflussung von Körper und Seele zu erklären, wird mit der „physiologischen Sichtweise“ eine der zwei von Aristoteles vorgeschlagenen Interpretationsmöglichkeiten der Passionen wieder aufgegriffen (die „des Physikers“), wobei sich Descartes in der Folge eher als „Dialektiker" präsentiert, indem er Hauptpassionen und abgeleitete Passionen als „Reaktionen" erklärt, die durch Beziehungen und Abhängigkeiten untereinander sowie durch das Temperament moduliert werden, und indem er Techniken zu ihrer Mäßigung aufzeigt.

Nach *Thomas Hobbes* (1588–1679) „Naturae humanae facultates ad quatuor genera reduci possunt, Vim corpoream, Experientiam, Rationem, Affectum" – so beginnt seine Schrift „Elementa philosophica de cive", die 1642 veröffentlicht wurde.

Hobbes entwickelt kein eigenes Passionsmodell, sondern nimmt eine „Anpassung" des „Appetitus-Modells" der aristotelisch-thomistischen Tradition an die eigene materialistische Auffassung vor. Laut Hobbes sind die Passionen ein physiologischer Mechanismus (ähnlich einem oder nur wenig mehr als ein konditionierter Reflex), der auf die Selbsterhaltung des Individuums (und der Spezies) gerichtet ist, weshalb die Passionen in der „Ökonomie" des Menschen eine herausragende Stellung einnehmen.

Er lehnt seine Konzeption der Humanphysiologie an ein mechanisches Modell an, das wir bereits von Descartes kennen:

> For seeing life is but a motion of limbs, the beginning whereof is in some principal part within; why may we not say, that all *automata* (eingines that move themselves by springs and wheels as doth a watch) have an artificial life? For what is the *heart*, but a *spring*; and the *nerves*, but so many *strings*; and the *joints*, but so many *wheels*, giving motion to the whole body, such as was intended by the artificer? (Leviathan, 1651, Einleitung).

Doch als Materialist muss er sich im Gegensatz zu Descartes nicht bemühen, eine Erklärung dafür zu liefern, wie Körper und Seele miteinander verbunden sind. Das gesamte, auch geistige, Leben wird erklärt mit *Wahrnehmung* („sense") – durch die Sinnesorgane, die Nerven und die „spirits" – und *Reaktion.* Das Ergebnis eines Bewegungsprozesses, der durch die Wahrnehmung auf die Sinnesorgane und nachfolgend auf die anderen Organe (Gehirn/Herz) wirkt, ist ein psychisches Bild, das Hobbes als „fancy", „Erscheinung" oder „Phantasma" bezeichnet und das, trotz der verwendeten Begriffe, die authentische Darstellung des Wirklichen und damit Quelle wahrer Erkenntnis ist. Die Passionen sind somit nichts anderes als Reaktionen auf Sinneswahrnehmungen und auf die mit ihnen einhergehenden Lust- und Schmerzempfindungen; Reaktionen des Körpers auf die Außenwelt. Sie tragen die Bezeichnungen „Vitall Motion“ und, als Gegensatz, „Voluntary Motion“ (Vitalbewegung und willentliche Bewegung) – die beiden Arten von Bewegung, die allgemein beim Lebewesen und insbesondere beim Menschen auftreten: die „Vitall Motion“ umfasst den Blutkreislauf, die Atmung und die Verdauung; ihr Zentrum ist das Herz. Die „Voluntary Motion“ besteht aus willkürlichen Bewegungen.

Lust und Schmerz treten einfach (mechanisch) als „Begleiterscheinungen“ der Vitalbewegungen auf, wenn diese, am Herzen angelangt, die Vitalbewegungen des Herzens fördern oder hemmen, wobei sie im ersten Fall Lust („delight“, „contentment“, „pleasure“), im zweiten Fall Schmerz („pain“) hervorrufen.

Lust und Schmerz liefern ihrerseits wiederum einen ersten, minimalen Stimulus, der den Körper dazu bringt, nach einer Fortsetzung der Lust zu suchen („appetite“) oder sich von der Schmerzquelle zu entfernen („aversion“). Der Beginn dieser forschenden oder wegstrebenden Bewegung wird als *„conatus“* oder „endeavour“ bezeichnet und bildet den Ausgangspunkt für die willentlichen Bewegungen.

Und da es kein objektives, metaphysisches Gutes oder Schlechtes gibt, mit dem Lust bzw. Schmerz einhergeht, werden die Passionen durch die ursprünglich gemachte, subjektive Erfahrung mit den Empfindungen bestimmt, die die Passionen ausgelöst haben. Das, was (beim ersten Mal) Lust verursacht hat, wird (immer) gut sein, das was Schmerz hervorgerufen hat, schlecht.

Der Hobbes'sche Materialismus reduziert eine jede Erkenntnis auf den Sinneseindruck und hebt damit jede Unterscheidung zwischen intellektueller Erkenntnis und sinnlicher Wahrnehmung auf (eine Unterscheidung, die die Scholastik machte und die in der Unterscheidung zwischen „appetitus intellectualis“/„voluntas“ und „appetitus sensitivus“/„passio“ zum Ausdruck kam). Bei Hobbes ist der Wille der letzte Ausdruck einer Bewertung („deliberatio"), die durch eine Reihe verschiedener Passionen hervorgerufen wird:

> In *Deliberation*, the last Appetite, or Aversion, immediately adhaering to the action, or to the omission thereof, is that we call the Will (Leviathan, cap. 6, 53).

Der Wille hat somit keinerlei Eigenschaft, die ihn von anderen Passionen unterscheidet; vielmehr können alle Passionen „Wille" sein, wenn sie, in einem bestimmten Fall, das „letzte Glied" in der Kette der Passionen sind, durch die eine Handlung ausgelöst wird, demnach das unmittelbar der Handlung vorausgehende Glied. In dieser Konzeptionalisierung ist offensichtlich kein Platz für den „freien Willen"; der Wille wird „degradiert", während die Passionen gleichzeitig eine Aufwertung erfahren.

Ohne eine systematische Auflistung der Passionen vorzunehmen führt Hobbes im „Leviathan" derer sieben als Grundpassionen („simple passions") an – die in Wahrheit Variationen von „appetite" und „aversion" sind und sich (wie im scholastischen Modell) teilweise durch das Vorhandensein oder Nichtvorhandensein eines Objekts unterscheiden – und aus diesen leitet er – wie die Stoiker, die Scholastik und auch Descartes – eine Reihe sekundärer Passionen ab (von denen er etwa vierzig aufzählt...), wobei er vier Kriterien für die Ableitung angibt:

> These simple Passions called *Appetite, Desire, Love, Aversion, Hate, Joy* and *Griefe*, have their names for divers considerations diversified. As first, when they one succede another, they are diversly called from the opinion men have of the likelihood of attaining what they desire. Secondly, from the object loved or hated. Thirdly, from the consideration of many of them together. Fourthly, from the alteration or succession itself. (Ebenda, cap. 8, 13).

Die ersten beiden Kriterien entstammen der scholastischen Tradition, die anderen beiden, und hier insbesondere das vierte, sind für die Hobbes'sche Willensauffassung von Bedeutung.

In Übereinstimmung mit der grundlegenden Bedeutung, die Hobbes der menschlichen Natur zumisst, sind die Passionen für ihn kein moralisches Problem und noch weniger eine Krankheit im stoischen Sinne; ihre Ausrottung, die Apathie, kann daher nicht sein Ziel sein. Hobbes kennt jedoch einen der Apathie ähnlichen Begriff, den des „contempt" (Verachtung/Missachtung), den er folgendermaßen definiert:

> Those things which we neither desire, nor hate, we are said to contemn (ebenda, cap. 6, 5).

Nach Hobbes manifestiert sich „contempt" als „magnanimity" und Varianten davon („valour", „fortitude", „liberality"). Der Begriff nähert sich damit, auch wenn er das zufällige Ergebnis eines „mechanischen" Vorgangs ist, der stoischen „εὐπάθεια" an, ohne jedoch die Eigenschaft eines ethischen Ideals aufzuweisen.

Hobbes führt die Unterschiedlichkeit der Menschen hinsichtlich ihrer intellektuellen Fähigkeiten auf die Passionen und die Erziehung zurück:

> And this difference of quickness, [Anmerkung: Schnelligkeit der Vorstellungsgabe des NATÜRLICHEN VERSTANDS] is caused by the difference of men's passions; that love and dislike, some one thing, some another; and are held to, and observe differently the things that pass trough their imagination (ebenda, cap. 8, 3).

> The causes of this difference of wits [Anmerkung: hier bezieht er sich auf die zweite Art von Verstand, den ERWORBENEN VERSTAND], are in the passions: and the difference of passions, procedeth partly from the different constitution of the body, and partly from different education… (ebenda, cap 8, 14).

Die Passionen, weit davon entfernt, ein Übel darzustellen, sind essentiell und gewährleisten, solange sie maßvoll sind, die Gesundheit:

> For as to have no desire, is to be dead: so to have weak passions, is dullness; and to have passions indifferently for every thing, GIDDINESS, and *distraction*; and to have stronger and more vehement passions for any thing, than is ordinarily seen in others, is that which men call MADNESS (ebenda).

Hobbes misst der Neugierde und dem Staunen (ausschließlich menschlichen Passionen) eine wesentliche Bedeutung für den Erkenntnisgewinn, das Lernen und die Lust des Geistes bei.

Wir sind hinsichtlich der Passionen bis jetzt bereits allen möglichen Positionen begegnet: sie sind essentiell oder widernatürlich, gut oder schlecht, notwendig und bestimmt oder so überflüssig, dass sie ausgemerzt werden müssen, Quelle größter Freude (Descartes) oder Hindernis bei der Kontemplation des Einheitsprinzips (Plotin).

Nach *Baruch Spinoza* (1632–1677) existiert eine unendliche und ewige Substanz (Gott), in der alles Akt und Potenz ist, auch wenn sie Gesetzen der Notwendigkeit unterliegt. Diese Substanz ist „Ursache ihrer selbst" („causa sui"), in ihr subsistieren nur klare und distinkte Ideen. Sie besitzt unendlich viele „Attribute", von denen zwei den Menschen betreffen. Diese sind Denken und Ausdehnung (im Unterschied zu Descartes, der davon ausging, dass „res cogitans" und „res extensa" zwei unterschiedliche Substanzen seien).

Die „Dinge der Welt" (einschließlich der Menschen), Körper und Seelen, sind nur Arten *(modi)* oder bestimmter Ausdruck dieser „Attribute" und wohnen daher der Substanz selbst inne.

Im Vorwort zum dritten Teil seiner „Ethica more geometrico demonstrata", die 1677 nach seinem Tod veröffentlicht wurde, erklärt Spinoza:

> Plerique, qui de Affectibus, et hominum vivendi ratione scripserunt, videntur, non de rebus naturalibus, quae communes naturae leges sequuntur, sed de rebus, quae extra naturam sunt, agere. Imo hominem in natura veluti imperium in imperio, concipere videntur.

Zu Beginn des dritten Teils der „Ethica" werden drei für das Verständnis der „Passionen" grundlegende Definitionen gegeben:

> I) Causam adaequatam appello eam, cujus effectus potest clare, et distincte per eandem percepi. Inadaequatam autem, seu partialem illam voco, cujus effectus per ipsam solam intelligi nequit.
>
> II) Nos tum agere dico, cum aliquid in nobis, aut extra nos fit, cujus adaequata sumus causa, hoc est (per Defin. praeced.) cum ex nostra natura aliquid in nobis, aut extra nos sequitur, quod per eandem solam potest clare, et distincte intelligi. At contra nos pati dico, cum in nobis aliquid fit, vel ex nostra natura aliquid sequitur, cujus nos non, nisi partialis, sumus causa.

III) Per Affectum intelligo Corporis affectiones, quibus ipsius Corporis agendi potentia augetur, vel minuitur, juvatur, vel coercetur, et simul harum affectionum ideas.

Am Ende des dritten Teils nimmt Spinoza (der – in der Regel – „affectus“ in Bezug auf den geistigen Aspekt und „affectio“ in Bezug auf den körperlichen Aspekt verwendet) folgende Präzisierung vor (Affectuum generalis definitio):

> Affectus, qui animi Pathema dicitur, est confusa idea, qua Mens majorem, vel minorem sui Corporis, vel alicujus ejus partis existendi vim, quam antea, affirmat, et qua data ipsa Mens ad hoc potius, quam ad illud cogitandum determinatur.

Im Gegensatz zur unendlichen Substanz ist der Mensch nicht einzig aktiv; seine mehr oder weniger ausgeprägte Vollkommenheit ist abhängig vom Grad der Aktivität, die er an den Tag legt, und von der Klarheit, die er bei seinen Ideen erreicht. Dazu bemerkt C. Newmark (op. cit.):

> Spinoza unterscheidet in der „Ethica“ drei Arten der Erkenntnis: erstens Meinung oder Einbildung *(opinio, imaginatio)*, das heisst empirisches Wissen, das auf Wahrnehmung oder auf Erinnerung beruht und dessen Ideen inadäquat sind; zweitens Vernunft *(ratio)*, die Gemeinbegriffe *(notiones communes)* und adäquate Ideen hat und drittens schliesslich als höchste Form die *scientia intuitiva*, der allein die adäquate Erkenntnis der Essenzen der Dinge vorbehalten ist. (S. 160). Rationales und intuitives Wissen sind Spinoza zufolge immer adäquat, können also nicht falsch sein; die einzige Quelle von Falschheit sind die inadäquaten sinnlichen Ideen der *imaginatio* und der *opinio*. Spinoza nennt die inadäquaten sinnlichen Ideen wie Descartes *ideae confusae*, die adäquaten Ideen *ideae clarae et distinctae*; als Wahrheitskriterium dient ihm das Merkmal *clare et distincte* allerdings nicht mehr. (S. 161).

Jede einzelne Sache ist damit bestimmter Ausdruck der Potenz der unendlichen Substanz (Gott) und wird im Wesentlichen vom aktiven Streben bestimmt, mit unbestimmter Dauer in seinem Sein zu verharren *(conatus)*. Beim Menschen äußert sich „conatus“ in Form von Trieben, Begierden und Entschlüssen (Wille – *voluntas* – wäre demnach nichts anderes als die Abstraktion der einzelnen Entschlüsse, die hingegen einem Mechanismus gehorchen, der – wie mir scheint – einem „Reflex“ ähnelt).

Das Konzept des „aktiven Strebens“ *(conatus)* erlangt in der Auffassung Spinozas von der Aktivität als Mittel zur Erreichung größerer Vollkommenheit (da in Gott alles Aktivität ist) zentrale Bedeutung.

Der *„conatus“* des Geistes wird von Spinoza als Wille *(voluntas)* bezeichnet, der des Körpers hingegen als *appetitus* (Spinozas Begriff des „conatus“ entspricht dem scholastischen *„appetitus“*, sein Begriff des *„appetitus“* hingegen dem scholastischen *„appetitus sensitivus“*). Ist der *„appetitus“* bewusst, so wird er als *„cupiditas“* bezeichnet:

> ... *Cupiditas est appetitus cum ejusdem conscientia.* Constat itaquae ex his omnibus, nihil nos conari, velle, appetere, neque cupere, quia id bonum esse judicamus; sed contra nos propterea, aliquid bonum esse, judicare, quia id conamur, volumus, appetimus atque cupimus. (prop. IX, scholium).

Die *„cupiditas“* ist ein grundlegender „affectus“, auf dem alle anderen basieren. Wird durch sie die Vollkommenheit der Dinge (Körper und Seele) gesteigert, folgt daraus Lust oder Freude *(laetitia)*, im umgekehrten Fall ist Unlust oder Trauer *(tristitia)* die Folge:

> Per *Laetitiam* itaque in sequentibus intelligam *passionem, qua Mens ad majorem perfectionem transit.* Per *Tristitiam* autem *passionem, qua ipsa ad minorem transit perfectionem.* Porro *affectum Laetitiae, ad Mentem, et Corpus simul relatum, Titillationem*, vel *Hilaritatem* voco; *Tristitiae* autem *Dolorem*, vel *Melancholiam.* (prop. XI, scholium).

Cupiditas, laetitia und tristitia bilden für Spinoza die drei „affectus primarii“ („...et praeter hos tres nullum alium agnosco affectum primarium....“ – ebenda). Aus ihnen lassen sich jedoch sehr viele weitere Affekte ableiten, praktisch eine unendliche Menge, in Abhängigkeit auch von der äußeren Ursache (Objekt), durch die sie hervorgerufen werden („Laetitiae, Tristitiae, et Cupiditatis, et consequenter uniuscujusque affectus, qui ex his componitur, ut animi fluctuationis, vel qui ab his derivatur, nempe Amoris, Odii, Spei, Metus, etc. tot species dantur, quot sunt species objectorum, a quibus afficimur“ – prop. LVI).

Die ersten „affectus“, die Spinoza unterscheidet und aus Freude und Trauer ableitet, sind Liebe und Hass (wobei er, wie mir scheint, einen Bezug zur scholastischen Auffassung herstellt): „Ex his clare intelligimus, quid Amor, quidque Odium sit. Nempe *Amor* nihil aliud est, quam *Laetitia, concomitante idea causae externae*, et *Odium* nihil aliud, quam *Tristitia, concomitante idea causae externae*“ (prop. XIII, scholium).

Spinoza lässt auch die Möglichkeit des gleichzeitigen Vorhandenseins widerstrebender Affekte nicht außer Acht und bemerkt dazu das Folgende: „*Si rem, quae nos Tristitiae affectu afficere solet, aliquid habere imaginamur simile alteri, quae nos aeque magno Laetitiae affectu solet afficere, eandem odio habebimus, et simul amabimus*“ (prop. XVII) und „Haec *Mentis constitutio, quae scilicet ex duobus contrariis affectibus oritur, animi* vocatur *fluctuatio*, quae proinde affectum respicit, ut dubitatio imaginationem…“ (prop. XVII, scholium).

In der Folge leitet Spinoza daraus mittels einer Reihe von Verfahren noch viele weitere Passionen ab, von denen er eine Auflistung erstellt, die an die kartesische erinnert, jedoch mit dem bemerkenswerten Unterschied, dass Spinoza dem Erstaunen *(admiratio)* nicht den „Status“ eines „affectus“ zuerkennt und sie als „imaginatio“ betrachtet:

> Admiratio est rei alicujus imaginatio, in qua Mens defixa propterea manet, quia haec singularis imaginatio nullam cum reliquis habet connexionem. (Ethices Pars III, Affectuum Definitiones IV).

Des Weiteren zeigt Spinoza einige psychologische Mechanismen auf, durch die sich bestimmte „affectus“ auch ohne adäquaten Gegenstand manifestieren können. Der erste und wichtigste darunter ist die Assoziation, die er folgendermaßen erklärt: „*Si Mens duobus affectibus simul affecta semel fuit, ubi postea eorum alterutro afficietur, afficietur etiam altero.*“ (prop. XIV); ein weiterer besteht in einem „Missverständnis“, durch das ein Affekt hervorgerufen werden kann:

> *Ex eo solo, quod rem aliquam aliquid habere imaginamur simile objecto, quod Mentem Laetitia, vel Tristitia afficere solet, quamvis id, in quo res objecto est similis, non sit horum affectuum efficiens causa, eam tamen amabimus, vel odio habebimus* (prop. XVI).

Beide erinnern an das Hervorrufen eines „konditionierten Reflexes". Ein dritter besteht aus einer Art von Sympathie, von Einfühlungsvermögen: „*Ex eo, quod rem nobis similem, et quam nullo affectu prosecuti sumus, aliquo affectu affici imaginamur, eo ipso simili affectu afficimur*" (prop. XXVII).

Auch wenn die Affekte sowohl körperlicher als auch geistiger Art sein können, überwiegt in Spinozas Konzept das Interesse am geistigen Aspekt:

> Im Affekt reagiert der Geist zwar auf eine körperliche Veränderung, er ist aber nicht vom Körper affiziert – Körper und Geist stehen bei Spinoza ja nicht in einem Wechselwirkverhältnis –, vielmehr affiziert er sich selbst; die Ursachen der geistigen Affekte sind also immer geistige Ideen... Affekte (können) sowohl als *actiones* als auch als *passiones* auftreten. Spinoza ist damit der erste, der die beiden in der Tradition weitgehend synonym benutzten Begriffe *affectus* und *passio* systematisch in zwei unterschiedene Bedeutungen trennt: die *passio* ist nur eine von zwei möglichen Arten des Affekts. *Affectus* ist zwar wortgeschichtlich als „affiziert werden" tatsächlich synonym zu *passio* und in seiner Bedeutung ebenfalls deutlich passivisch, Spinoza eröffnet jedoch mit dem Affekt als *actio* erstmals die Möglichkeit, Emotionen ausdrücklich als aktive zu denken. (C. Newmark, op. cit., S. 162)

Am Ende des dritten Teils der Ethica beschreibt Spinoza positive „affectus", die – als Ergebnis geistiger Tätigkeit – (definitionsgemäß) keine „Passionen" sein können. Sie gelten als von der „cupiditas" oder der „laetitia" abgeleitet; Ableitungen der „tristitia" können sie nicht sein, da dieser – seiner Natur nach die Aktivität mindernde oder verhindernde Affekt – intrinsisch „passiv" ist (vgl. die Stoiker, laut denen der Tristitia keine „εὐπάθεια" entspricht). Die Lust (Laetitia) des Geistes besteht in der Aktivität und darin, klare und deutliche Ideen zu haben; doch der Geist kann auch „Cupiditas" haben:

> *Praeter Laetitiam, et Cupiditatem, quae passiones sunt, alii Laetitiae, et Cupiditatis affectus dantur, qui ad nos, quatenus agimus, referuntur* (prop. LVIII). Cum Mens se ipsam, suamque agendi potentiam concipit, laetatur...: Mens autem se ipsam necessario contemplatur, quando veram, sive adaequatam ideam concipit. At Mens quasdam ideas adaequatas concipit...: Ergo eatenus etiam laetatur, quatenus ideas adaequatas concipit, hoc est..., quatenus agit. (prop. LVIII, Demonstr.).

> Für Spinoza, der die Höherwertigkeit der *actio* ontologisch etabliert hat, sind aktive Affekte schon aufgrund ihrer Aktivität besser als passive. Da für ihn allerdings Affekte allgemein, und damit auch die passiven Passionen, unhintergehbar zur menschlichen Natur gehören, kann stoische Apathie nicht Ziel seiner Ethik sein. Passionen können gar nicht ausgerottet werden, der Mensch ist als Teil der Natur notwendig leidend, er steht notwendig unter dem Einfluss äußerer Ursachen („Ethica", 4. Teil, prop. IV) und insofern alle Affekte, auch die passiven, aus der Begierde abgeleitet sind und die Begierde als *conatus* das Wesen des Menschen ausmacht, ist der Mensch durch seine Affekte wesentlich bestimmt. (C. Newmark, op. cit., S. 168).

Wie aber soll man mit den Passionen verfahren, wenn ihre Ausrottung unmöglich ist (mit dieser Frage beschäftigt sich Spinoza im vierten und fünften Teil der Ethica)? Indem man negative Affekte durch positive ersetzt. Spinoza betrachtet eine solche Ersetzung nicht als moralische Vorschrift, sondern ist der Ansicht, dass dies automatisch geschähe, als Folge des „conatus", dem Streben nach Aktivität und daher dem Drang, positive Affekte zu erfahren/zu haben (und damit Aktivität und Potenz zu steigern), anstatt passive Affekte (die Aktivität und Potenz mindern und hemmen).

Nach Spinoza (Ethica, 5. Teil, prop. III) werden passive in aktive Affekte umgewandelt, sobald der Geist in der Lage ist, ihren Ursprung und ihren Gegenstand klar und deutlich zu erkennen, sobald also der Geist nicht mehr verworrene (inadäquate), sondern klare und deutliche (adäquate) Ideen hat. Die aktiven Affekte entstehen aus der Vernunft und sind stärker als die passiven, verworrenen; sie haben die Macht, die passiven, verworrenen Affekte einzudämmen und bilden damit ein Gegenmittel zu diesen.

Das Erkennen der wahren Ursachen der Affekte macht den Geist frei vom Problem des Missverständnisses (siehe oben) und auch vom Mechanismus der Assoziation (ein Vorgang, der vage an Freuds Aussage „Wo Es ist, soll Ich werden" erinnert). Zudem (und hier scheint Spinoza mit Descartes übereinzustimmen) sei es möglich, den Affekt von der Idee seines Gegenstandes zu dissoziieren, um diese dann mit anderen Gedanken zu assoziieren und so kognitiv auf verworrene Ideen Einfluss zu nehmen.

Man könne es sich zudem zur Gewohnheit machen, richtige Ideen zu denken und damit aktive und positive Affekte auszulösen. Das Ziel dieser Ethik scheint die maximale geistige Zufriedenheit und intellektuelle Lust zu sein, die mit Hilfe des als „amor Dei intellectualis" bezeichneten aktiven Affekts erreicht werden kann. Dieser besteht in der nicht nur adäquaten sondern auch intuitiven Erkenntnis der vollkommenen und ewigen Substanz als Ursache aller Dinge.

> Bedeutend für die weitere Entwicklung der Theorien vom Menschen und seinen Emotionen ist aber auch die rationalistische Epistemologisierung der Affekte, welche als Konsequenz der holistischen Vereinheitlichung von Metaphysik, Erkenntnistheorie und Ethik bei Spinoza aufgefasst werden kann. Die Affekte gehören bei Spinoza als *conatus* zum appetitiven Vermögen, zugleich sind sie aber erkenntnistheoretisch *ideae confusae*. Wenn spätere Denker wie Christian Wolff Erkenntnistheorie und Ethik wieder trennen, werden die Affekte unter der Hand auf die Seite der Epistemologie verschoben worden sein. Sie gehören nicht mehr nur zum handlungsethischen Bereiche der Strebungen, sondern auch zum erkenntnistheoretischen der Ideen. Damit ist auch eine ganz neue Möglichkeit der Gefährdung theoretisch grundgelegt: Affekte können nicht mehr nur in praktischer Hinsicht zu falschem Handeln führen, sie können auch epistemologisch falsches Denken verursachen. (C. Newmark, op. cit., S. 170).

Spinoza beansprucht für sich – ähnlich wie Descartes im Vorwort zu „Les Passions de l'âme" – das Verdienst, die Passionen als erster nicht als moralisches Problem sondern als natürliches Phänomen betrachtet zu haben. Dabei sind sowohl die aristotelische wie auch später die thomistische Theorie in einer umfassenderen naturwissenschaftlichen Weltsicht verankert, mit Begriffen, die – wie „δύναμις" oder „appetitus", der sowohl „naturalis" als auch „sensitivus" sein kann – im Grunde Ausdruck der Vorstellung sind, die diese Autoren von der Physik und von den in der physischen Welt waltenden Kräften hatten. In diesem Sinne waren weder Descartes noch Spinoza wirkliche Erneuerer. Ihre Theorien waren vielmehr von dem zu dieser Zeit stattfindenden Umdenken in den Wissenschaften historisch geprägt. Was jedoch die Moral betrifft, so wenden sie sich mit ihrer Position, die die Passionen als unvermeidlichen (und vom moralischen Gesichtspunkt aus betrachtet „neutralen") Ausdruck der Natur legitimiert, gegen den stoischen

Standpunkt, der durch den Neostoizismus des vorangegangenen Jahrhunderts wieder zu großem Einfluss gelangt war.

John Locke (1632–1704) entwickelt keine eigene Passionstheorie und widmet dem Thema nur einige wenige Seiten im „Essay concerning Human Understanding", wo er erklärt (Essay, II, 20, 18):

> I would not be mistaken here, as if I meant this is a discourse of the passions; they are many more than those I have here named: and those I have taken notice of would each of them require a much larger and more accurate discourse.

Für Locke sind Passionen „Modes of Pleasure and Pain resulting in our Minds, from various Considerations of Good and Evil". Weiter meint er: „the Ideas we have of them, are derived from Sensation and Reflection" (ebenda).

Locke schreibt außerdem (Essay, II, 7, 1–2):

> There be other simple ideas which convey themselves into the mind by all the ways of sensation and reflection, viz. pleasure and delight, and its opposite, pain or uneasiness... Delight or uneasiness, one or other of them, join themselves to almost all our ideas, both of sensation and reflection: and there is scarce any affection of our senses from without, any retired thought of our mind within, which is not able to produce in us pleasure or pain. By pleasure and pain I would be understood to signify whatsoever delights or molests us most; whether it arises from the thoughts of our minds, or any thing operating on our bodies.

Und er fügt hinzu (Essay, II, 20, 3):

> Pleasure and pain, and that which causes them, good and evil, are the hinges on which our passions turn: and if we reflect on ourselves and observe how these, under various considerations, operate in us, – what modifications or tempers of mind, what internal sensations (if I may so call them) they produce in us, we may thence form to ourselves the ideas of our passions.

Aus Lust und Schmerz, Liebe (Lust am gegenwärtigen Guten) und Hass (Schmerz wegen des gegenwärtigen Übels), Begierde (nach einem noch nicht gegenwärtigen, erhofften Gut) leitet Locke im Wege der „Kombination einfacher Ideen" weitere Passionen ab (Freude, Leid, Hoffnung, Furcht, Verzweiflung, Wut, Neid – eine Auflistung, die, wie er später präzisiert, alles andere als vollständig ist). Die Passionen wirken, so meint Locke, im Geist, doch (Essay, II, 20, 17)

> have most of them in most persons operations on the body, and cause various changes in it; which not being always sensible, do not make a necessary part of the idea of each passion. For shame, which is an uneasiness of the mind upon the thought of having done something indecent, or will lessen the valued esteem which others have for us, has not always blushing accompanying it.

Mit der Ableitung aller Passionen „darunter als erstes der Liebe und des Hasses, von der Lust und der Unlust, wodurch es ihm gelingt, aus der Lust den wichtigsten Bestandteil des Glücks und des Guten selbst zu machen" (P. Rossi, C.A. Viano, Hrsg., Storia della filosofia, Bd. IV, S. 57, 1996 – meine Übersetzung), verfolgt Locke einen Weg, der bereits von Descartes, Gassendi, Hobbes und Spinoza beschritten worden ist.

Ein ungelöstes Problem scheint mir im Übergang von den Hauptpassionen zu den – unzähligen – Passionen zu bestehen, die aus ihnen abgeleitet werden. Aus dem bisher Dargelegten scheint hervorzugehen, dass dieser durch die Vermischung verschiedener Bestandteile geschieht, so wie beispielsweise durch die Zugabe von Weiß oder Schwarz zu einer Grundfarbe oder durch die Kombination zweier Grundfarben ein neuer Farbton oder eine neue Farbe entsteht. Mit dieser Analogie stößt man jedoch schnell an Grenzen, wenn man davon ausgeht, dass Farben sehr genau bestimmt und dosiert werden können, dass ihnen exakte Mischungsverhältnisse zugrunde liegen, die genau eingehalten und beliebig reproduziert werden können. Bei den „Passionen" oder „Emotionen" ist das nicht der Fall. Diese haben ihre Wurzeln in jedem Fall in der Subjektivität des Wesens, das sie erfährt, sie entwickeln sich mit diesem, mit seinen Erfahrungen und mit dem Älterwerden des Organismus.

Die von *Gottfried Wilhelm Leibniz* (1646–1716) eingeführte „Neuigkeit" besteht in der „Monade", dem zentralen Konzept seiner Metaphysik, einer elementaren Einheit, aus der sich die lebendige Natur zusammensetzt. Sie ist „einfache Substanz"; es gibt unendlich viele Monaden, unkörperliche Einheiten, die mit einer *ursprünglichen lebendigen Kraft* ausgestattet und durch zwei Aktionen gekennzeichnet sind (sämtliche Zitate stammen aus C. Newmark, op. cit.): „perception" („représentations du composé, ou de ce qui est dehors, dans le simple" – Principes de la nature et de la grâce, fondés en raison) und „appetition" („L'action du principe interne, qui fait le changement ou le passage d'une perception à une autre, peut être appelé *Appetition*" – Monadologie). „Appetitus" ist für Leibniz Synonym von „conatus", doch verwendet er diesen Terminus nur selten.

Jede Monade ist von Natur aus aktiv. Alle lebendige Natur ist Monade. Höhere Organismen setzten sich aus unendlich vielen Monaden zusammen; eine „Zentralmonade" ist das, was gemeinhin als Seele bezeichnet wird. Die einfachen Monaden, aus denen sich die Pflanzen konstituieren, sind durch Kraft, Perzeption und Verlangen gekennzeichnet; bei den Tieren kommen noch hinzu „perception... plus distincte et accompagnée de mémoire" (Monadologie § 19; §§ 25–28) und beim Menschen, zusätzlich zur distinkten Perzeption und dem Gedächtnis, die Vernunft – also das Vermögen „reflexiver Akte".

Der „appetitus", der in der Scholastik nur eines von mehreren Seelenvermögen war, wird hier zum Zentrum der Seele; er ist dem Erkenntnisvermögen nicht mehr untergeordnet, sondern – da er quasi die Voraussetzung für dieses darstellt – untrennbar mit ihm verbunden. Die Seele „strebt perzepierend und perzepiert strebend".

Leibniz unterscheidet des Weiteren zwischen „perception" und „apperception": „Ainsi il est bon de faire distinction entre la *Perception* qui est l'état interieur de la Monade representant les choses externes, et *l'Apperception* qui est la *Conscience*, ou la connoissance reflexive de cet état intérieur". (Principes de la nature et de la grâce, § 4). Die nicht bewussten „perceptions" werden als „petites perceptions" oder „perceptions confuses" bezeichnet. Diese sind als Ausdruck der „Repräsentation des Universums" in jeder Monade zahlreich vorhanden und machen damit das Sein und die Individualität der Monade aus. Mit diesem Konzept wendet er sich gegen Descartes und die Cartesianer, die die Bedeutung der „unbewussten" Wahrnehmungen negiert hatten: „Et c'est en quoy les Cartesiens ont fort manqué, ayant compté pour rien les perceptions dont on ne s'apperçoit pas" (Monadologie, § 14). Die „petites perceptions" sind Vorläufer der „apperceptions", die nach und nach aus den erstgenannten erwachsen. Leibniz überwindet das Problem des Verhältnisses zwischen Seele und Körper („commercium mentis et corporis"), für das Descartes keine Lösung gefunden hatte, mit seiner Idee eines Synchronismus, einer vollkommenen Harmonie zwischen Geist und Körper, einer vom Schöpfer geschaffenen, seit jeher bestehenden Ordnung, die in die allgemeine Harmonie des Universums eingegliedert ist: „C'est aussi par les perceptions insensibles que j'explique cette admirable harmonie préestablie de l'âme et du corps, et même de toutes les Monades ou substances simples" (Leibniz, Nouveaux Essais, préface, S. 55).

Die „petites perceptions" sind nicht nur in ihrer repräsentativen und „koordinierenden" Funktion von Bedeutung, sondern auch ganz praktisch, als Orientierungshilfe in der Realität, für die (Selbst-) Erhaltung, wegen des von ihnen ausgehenden Handlungsstimulus. Diese Funktionen wurden in früheren Theorien direkt den Passionen zugeschrieben, von Descartes nur eingeschränkt, von Hobbes, für den die Passionen unerlässliche Vitalfunktionen waren, in viel umfangreicherem Maße. In diesen Theorien wurde jedoch keine genaue Abgrenzung zwischen moralischen Passionen und vitalen Trieben vorgenommen. Dadurch, dass Leibniz den „petites perceptions" eine triebhafte und vitale Funktion zumisst, unterscheidet er sie von den echten Passionen. Im Vergleich mit Locke, der in seinem „Essay concerning Human Understanding" die Passionen als „Modes of Pleasure and Pain" definierte und ihnen (wie Hobbes) unter anthropologischen Gesichtspunkten eine handlungsmotivierende Funktion zuerkannte, unterscheidet Leibniz *bewusste* und *unbewusste* Schmerz- und Lustempfindungen. Für ihn sind nur bewusste Lust und bewusster Schmerz Passionen, während die unbewussten Empfindungen „consistent à se delivrer continuellement des petites empechemens, à quoy notre nature travaille sans qu'on y pense" (Nouveaux Essais II, 21, 36), eine Aktivität, die ununterbrochen und unmerklich vor sich geht, die „appetitiven" Charakter hat (und sich darin an die Passionen im Sinne der vorangegangenen Theorien annähert), ohne wahrgenommen zu werden (was ihr Unterscheidungsmerkmal ist). Diese „triebhafte“ Aktivität ist vom Schöpfer gewollt und soll dem Wohlergehen des Menschen dienen „afin que nous agissions plus promptement par instinct, et nous ne soyons pas incommodés par des sensations trop distinctes de quantité d'objets...“ (ebenda, II, 20, 6).

Bewusste Lust oder Unlust, die deutlich wahrgenommen wird, kennzeichnet die Passionen „car les petites perceptions... forment des inclinations et des panchans, mais pas encor les passions mêmes“ (ebenda, II, 21, 41). Wie Spinoza so ist auch Leibniz der Ansicht, Lust und Unlust seien auf das Gefühl von „Vollkommenheit“ oder „Unvollkommenheit“ zurückzuführen. Der enge Zusammenhang zwischen Perception und Appetition der „petites perceptions“ gilt auch für die Passionen, die jedoch bewusst sind. Diese erlangen, wie die „Affekte“ bei Spinoza, eine epistemologische Bedeutung, die den vorangegangenen Theorien, mit denen die Passionen allein dem Appetitus zugeordnet wurden, fremd war. Mit dem Text „Meditationes de cognitione, veritate, et ideis“ (1684) legt Leibniz eine Einteilung der Erkenntnis vor, die auch die Passionen (hier als „Affekte“ bezeichnet) umfasst:

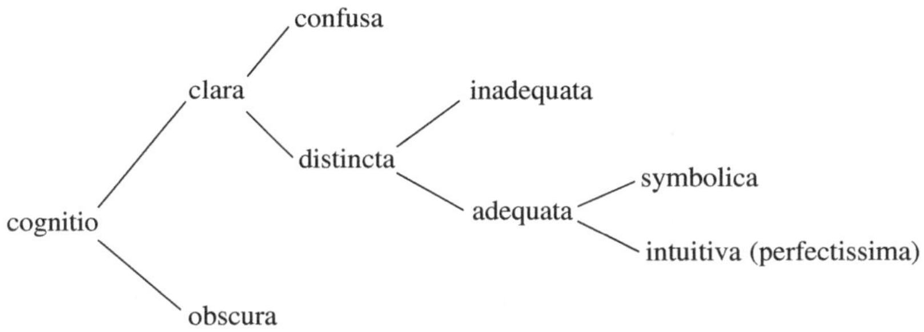

In diesem Schema ordnet Leibniz die „affectus animi“ – mit den Beispielen „spes“ und „metus“ – den „cognitiones clarae distinctae inadaequatae“ zu, da diese, zumindest teilweise, auf Sinneseindrücken beruhen und daher, zumindest potenziell, trügerisch sind. Dies macht sie, vom moralischen Gesichtspunkt aus betrachtet, unzuverlässig.

Die Passionen können – und in diesem Punkt stimmt Leibniz mit Descartes überein – durch die Entwicklung von Gewohnheiten und durch die Ausübung des Willens beherrscht werden. Bei der Suche nach Glückseligkeit lehnt er sich hingegen stark an Spinoza und dessen Modell an, das in der Lust ein Zeichen gesteigerter Aktion und Vollkommenheit sieht, im Schmerz das Gegenteil: mehr Passion und Unvollkommenheit. Gott, als reine Aktion, ist Vollkommenheit. Das Glück ist maximale Lust und kann auf der einen Seite durch geistige Tätigkeit verfolgt werden (mit der man zu klaren distinkten adäquaten intuitiven Ideen kommt), auf der anderen Seite durch die Hinwendung zu Gott, dessen Kontemplation – da es sich um eine Kontemplation der reinen Aktivität und der sich daraus ergebenden vollkommenen Harmonie handelt – mit der größtmöglichen geistigen Aktivität einhergeht. So gelangen Vernunft und Religion zur Übereinstimmung.

Für die Praxis schließt Leibniz cartesianisch: „Daraus denn folget, dass nichts mehr zur Glückseligkeit diene, als die Erleuchtung des Verstandes und Uebung des Willens, allezeit nach dem Verstande zu wirken" (Leibniz, Von der Glückseligkeit). Die größte Lust ist die Freude, die die intellektuelle Liebe zu Gott gibt.

Mit den „petites perceptions" wird eine unbewusste „geistige" Aktivität anerkannt, die an die wesentlichen Funktionen von Lebewesen gebunden ist; sie sind in Tieren und in Pflanzen vorhanden, doch besteht das Problem darin, dass sie auch im Menschen vorhanden sind (und zwar in sehr großer Zahl und damit bestimmend für sein gesamtes Wesen), der – laut den Vorgängertheorien – nur aus Körper und Bewusstsein (Seele) bestehen sollte. Aus den – stark im biologischen Substrat verankerten – „petites perceptions" setzt sich der unbewusste Teil der Seele zusammen.

Christian Wolff (1679–1754) behandelt die Frage der „Affekte" zum einen in der Ethik (welche, neben Recht und Ökonomie, ein Teilgebiet seiner praktischen Philosophie darstellt), zum anderen – und hier ausführlicher – in der Psychologie, die gemeinsam mit der Ontologie, Kosmologie und natürlichen Theologie seine Metaphysik bildet. Er verwendet den Terminus „affectus" (während Leibniz häufiger „Passion" verwendet) oder – im Deutschen – „Affekt", wobei er, wie Leibniz, die spinozistische Unterscheidung von „affectus" und „passio" außer Acht lässt.

Wolff unterteilt die Psychologie (wobei er der erste ist, der sie als Teil der Philosophie betrachtet – auch wenn der Terminus zum ersten Mal 1590 bei Goclenius erscheint – und ihr einen eigenständigen Status zuerkennt, womit er ihr den Weg zur eigenständigen Wissenschaft ebnet) in *empirische* und *rationale* Psychologie. Die empirische Psychologie versucht auf der Grundlage von Selbst- und Fremdbeobachtungen Gesetzmäßigkeiten, Vermögen und Funktionsweisen der Seele festzustellen, die rationale Psychologie untersucht die Seele und ihre Vermögen *a priori*. In der „Psychologia empirica" unterscheidet Wolff zwischen (sämtliche Zitate stammen aus C. Newmark, op. cit.) „oberen und unteren, intellektiven und sensitiven Erkenntnis- und Strebevermögen"; in der „Psychologia rationalis" widmet er sich ausführlich dem „commercium mentis et corporis". Die Affektenlehre wird in der „Vermögenspsychologie" als Teil des „appetitus sensitivus", des sinnlichen Strebens, abgehandelt.

Wolff kehrt dabei zu (Leibniz, Spinoza und Descartes vorausgehenden) scholastischen Positionen zurück, indem er zwischen *Erkenntnisvermögen* und *Strebevermögen* unterscheidet, die wiederum in eine obere (intellektuelle) und untere (sinnliche) Form unterteilt sind.

Zu den unteren Erkenntnisvermögen zählen die Sinneswahrnehmung *(sensus)*, die Einbildungskraft *(imaginatio)*, die reproduktive Imagination *(facultas fingendi)* und das Gedächtnis.

Zu den oberen Erkenntnisvermögen zählen der Verstand *(intellectus)*, die Aufmerksamkeit *(attentio)* und die Reflexion *(reflectio)*; *attentio* und *reflectio* sind dabei Zwischenstadien zwischen intellektuellem und sinnlichem Erkenntnisvermögen.

Auch Wolff übernimmt die leibnizsche Unterteilung der Ideen; nur die „perceptiones clarae distinctae" führen zu intellektueller Erkenntnis (cognitio), die sinnliche Erkenntnis beruht hingegen auf „perceptiones clarae confusae" und „perceptiones obscurae".

Auch das Strebevermögen ist in ein unteres und ein oberes unterteilt. Je nachdem, ob es auf das Gute zielt oder vor Schlechtem flieht, wird zwischen *appetitus* und *aversatio* unterschieden.

Das untere Strebevermögen ist *appetitus* und *aversatio*, und hierzu gehören die Affekte. Das obere Strebevermögen ist hingegen *appetitus intellectualis* oder *voluntas* und *aversatio intellectualis* oder *noluntas*. „Klassisch“ ausgedrückt wird appetitus definiert als „inclinatio animae ad objectum pro ratione boni in eadem percepti“, aversatio als das Gegenteil davon – wobei dies sowohl für das untere als auch für das obere sinnliche Strebevermögen gilt. Wird das „Gute“ deutlich (*distincte*) wahrgenommen, so handelt es sich um voluntas; wird es konfus wahrgenommen, so ist es appetitus sensitivus.

Während Leibniz die (erkennenden und strebenden) Seelenvermögen mit dem Konzept der „force“ vereinheitlicht hat, nimmt Wolff das sie in Erkenntnis/Streben und intellektuell/sinnlich einteilende Schema wieder auf; er greift jedoch auch das leibnizsche Prinzip wieder auf, nach dem „la nature ne fait jamais de sauts“ (Leibniz, Nouveaux Essais, préface, S. 56, cit. C. Newmark, S. 177–178), mit der Folge, dass die Abgrenzung der einzelnen Vermögen untereinander – und ihrer Ebenen – unscharf wird. Wie für Leibniz gilt auch für Wolff „appetitus nascitur ex cognitione; non tamen per saltum“; und „Appetitus sensitivus ex vi representativa universi, qualis in anima datur, enascitur“; es gibt demnach keine strikte Trennung zwischen Erkenntnis und Streben.

In der „Psychologia rationalis“ definiert Wolff die Affekte folgendermaßen: „Affectus sunt conatus vehementiores producendi perceptiones praevisas, vel impediendi, quo minus producantur“; und in der „Psychologia Empirica“: „Affectus sunt actus animae, quibus quid vehementer appetit, vel aversatur, vel sunt actus vehementiores appetitus sensitivi & aversationis sensitivae“.

Die Affekte unterscheiden sich demnach vom appetitus (oder vom aversatio) nur durch ihre besondere Kraft/Intensität; insofern entsprechen sie wieder dem scholastischen Modell des „appetitus (sensitivus)“ und sind Reaktionen auf die Perzeption von Gut und Schlecht.

In der „Psychologia Empirica", unterteilt Wolff die Affekte – im Rahmen einer ausführlichen Abhandlung – in angenehme, unangenehme und gemischte *(jucundi, molesti, mixti)*, je nachdem, ob sie in Verbindung mit Begierde, Abscheu oder beiden auftreten. Sie werden außerdem entsprechend dem von Leibniz übernommenen Modell der prästabilierten Harmonie zwischen Körper und Seele von körperlichen Veränderungen begleitet.

Ohne eine explizite Unterscheidung zwischen „Hauptpassionen" und „sekundären Passionen" zu machen führt Wolff (fast) alle Affekte (von denen er 36 aufzählt...) auf *gaudium* und *tristitia* zurück, die damit praktisch zu „Hauptpassionen" werden; diese seien höhere Stufen von „voluptas" und „taedium", die keine echten Passionen sondern vielmehr Begleiterscheinungen seien.

Dann erklärt er: „die Arten der Affecten bestehen in verschiedenen Graden der Lust und Unlust, in ihrer Vermischung und Abwechslung". Die Affekte erwachsen also aus der sinnlichen Begierde oder dem sinnlichen Abscheu, deren *undeutliche Wahrnehmung* insbesondere durch Lust und Unlust gekennzeichnet ist. Durch die Verbindung dieser traditionellen Theorieelemente mit der spinozistisch-leibnizschen Lehre von der „Vollkommenheit" (nach der Lust die „Empfindung einer Vollkommenheit" ist), definiert Wolff *voluptas* und *taedium* als „intuitus" oder „cognitio intuitiva" von Vollkommenheit oder Unvollkommenheit. Im Unterschied zu Leibniz und Spinoza, für die die cognitio intuitiva nur die höchste Form der cognitio intellectualis sein konnte, ist Wolff der Ansicht, dass cognitio intuitiva sowohl intellektuell (distincta) als auch sinnlich (confusa) sein kann. Der (ethisch maßgebliche) Unterschied zwischen diesen liegt in ihrer Beständigkeit oder Unbeständigkeit. Wahre Vollkommenheit und Unvollkommenheit führen zu beständiger Lust oder Unlust; scheinbare Vollkommenheit oder Unvollkommenheit führen zu unbeständiger Lust oder Unlust. Da nur der Intellekt Sicherheit über wahre Vollkommenheit oder Unvollkommenheit erlangen kann, ist nur er die Grundlage für beständige Lust; die Sinne hingegen können zu Lust führen, die zwar wahr aber unbeständig ist – und daher ethisch irrelevant.

In seinen ethischen Schriften führt Wolff Techniken zur Kontrolle der Affekte auf (die, nach seiner Definition, „zu mäßigende Exzesse" sind), wobei er auf Leibniz und Descartes zurück greift: man solle sich um ein gutes und richtiges Urteil bemühen, also um einen korrekten Gebrauch des Intellekts, wobei man sich darüber klar werden soll, dass das, was man besonders begehrt (oder besonders fürchtet), nicht so wichtig ist, oder nicht Gut (Übel) ist. Wolff unterstreicht die Bedeutung des Intellekts und preist die Hinwendung zum wissenschaftlichen Denken als Lösung des Passionsproblems an: das Übermaß des „appetitus sensitivus" wird durch die Bemühung des „appetitus intellectualis" kontrolliert („Alle Affecten entstehen aus undeutlichen Vorstellungen des guten und des bösen. Derowegen findet man, dass sie sich legen, wenn man sich aus der Verwirrung heraus wickelt und das Gute oder Böse deutlich vorzustellen trachtet"). In der „Philosophia moralis sive Ethica" weist Wolff darauf hin, dass die Affekte nicht auszurotten seien („Affectus eradicari nequeunt") und verzichtet, trotz der Privilegierung des Intellekts, darauf, ihre Ausrottung zu verfolgen, um den aristotelischen Weg der Mäßigung zu gehen.

Wie Cicero, Hobbes und andere kennzeichnet Wolff die „Passionen" (affectus) mit dem Adverb „vehementer" oder dem Komparativ „vehementior", der uns jedoch, wegen des Fehlens eines Vergleichsbegriffs, keine weitere Klarheit bringt. Es wird jedoch ersichtlich, dass ein „quantitatives" Element unabdinglich ist, um eine „Passion" als solche bezeichnen zu können. Vielleicht lässt sich ein solches Element unter Beteiligung des Körpers feststellen. Doch gehen Passionen nicht immer mit körperlichen Anzeichen einher, wie Locke am Beispiel der Scham aufzeigte. Emotionen hingegen – so meint James – weisen ausnahmslos solche Anzeichen auf.

David Hume (1711–1776) widmet den Affekten wichtige Schriften: das zweite Buch seines ersten – und später verworfenen – Werkes, des „Treatise on Human Nature" (1739), einen Teil von „Enquiry concerning Human Understanding" (1748); die Dissertation „Of the Passions" (1757).

Für Hume (mindestens in „Treatise", Buch II, erster Teil, erster Abschnitt), können „passions" auf der Grundlage folgender Einteilung begriffen werden:

> As all the perceptions of the mind may be divided into *impressions* and *ideas*, so the impressions admit of another division into *original* and *secondary*... Original impressions or impressions of sensation are such as without any antecedent perception arise in the soul, from the constitution of the body, from the animal spirits, or from the application of objects to the external organs. Secondary, or reflective impressions are such as proceed from some of these original ones, either immediately or by the interposition of its idea. Of the first kind are all the impressions of the senses, and all bodily pains and pleasures. Of the second are the passions, and other emotions resembling them.

Affekte sind also „Secondary, or reflective impressions" und – so scheint es – stellen eine Untergruppe der zahlreicheren Gruppe der „Emotions" dar. Es ist nicht ganz klar ob – und wenn ja, inwiefern – dieses Problem für Hume von Bedeutung ist; in der Folge seiner Ausführungen scheint er ihm kein grosses Gewicht zu schenken, und „Affekt" wird im Sinne von „starker Gemütsbewegung" verwendet.

> Bodily pains and pleasures are the source of many passions, both when felt and consider'd by the mind; but arise originally in the soul, or in the body, whichever you please to call it, without any preceding thought or perception. A fit of the gout produces a long train of passions, as grief, hope, fear; but is not deriv'd immediately from any affection or idea.
> The reflective impressions may be divided into two kinds, *viz.* the *calm* and the *violent*. Of the first kind is the sense of beauty and deformity in action, composition, and external objects. Of the second are the *passions* (mein Kursiv) of love and hatred, grief and joy, pride and humility. This division is far from being exact. The raptures of poetry and music frequently rise to the greatest height; while those other impressions, properly call'd passions, may decay into so soft an emotion, as to become, in a manner, imperceptible. But as in general the passions are more violent than the emotions arising from beauty and deformity, these impressions have been commonly distinguish'd from each other. The subject of the human mind being so copious and various, I shall here take advantage of this vulgar and specious division, that I may proceed with the greater order; and having said all I thought necessary concerning our ideas, shall now explain those violent emotions of passions, their nature, origin, causes, and effects. When we take a survey of the passions, there occurs a division of them

into *direct* and *indirect*. By direct passions I understand such as arise immediately from good or evil, from pain or pleasure. By indirect such as proceed from the same principles, but by the conjunction of other qualities. This distinction I cannot at present justify or explain any farther. I can only observe in general, that under the indirect passions I comprehend pride, humility, ambition, vanity, love, hatred, envy, pity, malice, generosity, with their dependants. And under the direct passions, desire, aversion, grief, joy, hope, fear, despair and security.

Hume beginnt seine Prüfung der (indirekten) Affekte mit „Stolz" und „Demut". Diese Wahl – wie man sogleich versteht – verdankt man einer besonders interessanten Ansicht:

'Tis evident, that pride and humility, tho' directly contrary, have yet the same OBJECT. This object is self, or that succession of related ideas and impressions, of which we have an intimate memory and consciousness. Here the view always fixes when we are actuated by either of these passions. According as our idea of ourself is more or less advantageous, we feel either of those opposite affections, and are elated by pride, or dejected with humility. – (ibidem, 2. Abschnitt).

In dieser Auffassung bekommen „Stolz" und „Demut" die Funktion, die bei anderen Philosophen (Spinoza, Leibniz) der – gebunden an mehr oder weniger lustvolle Affekte – Idee der grösseren oder minderen Vollkommenheit des Wesens zukam.

Ein neuer Aspekt besteht in der Identifizierung des „ichs" (welches nur ein Teil der Person ist) als Gegenstand dieser Affekte, welche sich auf Grund ihrer dynamischen Eigenschaften als zentral erweisen für das Verständnis aller übrigen Affekte.

„Stolz" und „Demut" sind nähmlich die, die aus den Sinneseindrücken – vom Schönen, vom Hässlichen, usw. – eine Kraft ausmachen, die sie mit dem ich verbindet und, indem sie es stolz macht oder demütigt, sie „personalisiert" und aus ihnen „Passionen" macht. Man mag sich fragen, ob Hume in der Gegenüberstellung von „Stolz" und „Demut" die „inflationären" und „deflationären" Schwankungen des Narzissmus (um eine ihm ganz fremde Terminologie zu gebrauchen) nicht im Blick gehabt hat, welcher neben dem normalen Abwechseln der Gemütszuständen eines jeden Menschen auch und insbesondere die „bipolare Störung" kennzeichnet – übetriebener Stolz bis zum Grössenwahn, übertriebene Demut bis zum Versündigungswahn.

Im zweiten Teil des zweiten Buches (der Liebe und dem Hass gewidmet) wendet Hume „mutatis mutandis" die im ersten Teil für „Stolz" und „Demut" aufgeführten Argumente in Verbindung mit diesen zwei Affekten an und verdeutlicht wie – wenn Stolz und Demut das ich als ihren Gegenstand haben (neu definiert als „that identical person, of whose thoughts, actions, and sensations we are intimately conscious"), Liebe und Hass „some other person, of whose thoughts, actions, and sensation we are not conscious" als Gegenstand haben.

In seiner „Anthropologie in pragmatischer Hinsicht" (1798) schlägt *Immanuel Kant* (1724–1804) eine neue Dreiteilung der Seele vor: zwischen das intellektuelle Vermögen (facultas cognoscendi der Scholastik) und das strebende (facultas appetendi) fügt er das „Gefühl der Lust und Unlust" ein.

Diese neue „facultas" beerbt in vielem die alten Passionen.

Bei Kant wird das „Gefühl", das im heutigen Sprachgebrauch als Grundbegriff für das Emotionale verwendet wird, als Grundlage der Affekte zunehmend mit diesen identifiziert.

Im ersten Buch des ersten Teils der „Anthropologie" (Anthropologische Didaktik) handelt Kant das Erkenntnisvermögen als Selbstbewusstsein, Sinnlichkeit und Verstand ab; im zweiten Buch beschäftigt er sich mit dem Gefühl von Lust und Unlust; im dritten (und letzten) mit dem Begehrungsvermögen, den „Leidenschaften" (die Teil des Begehrungsvermögens sind) und den Affekten (die hingegen zum „Gefühl" gehören).

Die Anthropologie ist (soweit sie nicht Physiologie ist) für Kant Teil der praktischen Philosophie:

> Eine Lehre von der Kenntnis des Menschen, systematisch abgefasst (Anthropologie), kann es entweder in physiologischer oder in pragmatischer Hinsicht sein. Die physiologische Menschenkenntnis geht auf die Erforschung dessen, was die Natur aus dem Menschen macht, die pragmatische auf das, was er als frei handelndes Wesen aus sich selbst macht, oder machen kann und soll.

So gesehen erlangt die Anthropologie moralische Bedeutung.

Während Kant in der Erkenntnislehre die Sinnlichkeit (Vermögen, das dem Verstand die Daten liefert, die dieser dann ordnen muss) aufwertet, so konstituiert sich seine praktische Philosophie in Opposition zu dieser; für Kant ist die Ethik ein apriorischer Bereich der Philosophie, in dem empirische oder sinnliche Bedingungen unzulässig sind und der auf „Handlungsmaximen" beruht, die von der praktischen Vernunft als transzendentalem Vermögen aufgestellt worden sind. Seine Ethik ist eine „Pflichtethik", die sich vom Eudämonismus seiner Vorgänger streng abgrenzt, welchen er als unrechtmäßige Objektivierung eines nur subjektiven und sinnlichen Gefühls betrachtet, welcher daher keine Grundlage für ein Sittengesetz sein könne. Diese „Pflichtethik" führt Kant zum Ideal der „Apathie" gegenüber allen natürlichen und sinnlichen Neigungen; es handelt sich hierbei jedoch nicht um Apathie im Sinne der Stoiker, sondern nur um die Ausübung von Kontrolle durch die Vernunft bei ethischen Fragen.

Die Anthropologie kann – da sie nicht auf Prinzipien beruht – nicht mehr sein als „eine Art Hilfsethik" (C. Newmark). Nach Kant, der diese wie in einem klassischen „Traktat" abhandelt, sind die Leidenschaften zu mäßigen, weil die sinnliche Konstitution des Menschen und seine Neigung zur Suche nach dem Glück die Prinzipien, auf die sich die praktische Vernunft gründet, gefährden könnten.

Versuch eines Schemas der Seelenvermögen nach Kant

I)

Erkenntnisvermögen

- **Verstand** (durch „Spontaneität" gekennzeichnet, eine Aktivität, die ihren Antrieb in sich selbst hat)
- **Sinnlichkeit** (durch Rezeptivität gekennzeichnet, einer von Aussen bestimmten Passivität; untrennbar mit dem Aktiven Verstand verbunden und notwendig für die Erkentnis, dem Verstand jedoch unterlegen, von dem sie beherrscht werden muss

(Kant lehnt die Kriterien der „Klarheit" und „Verworrenheit/Dunkelheit" als Unterscheidungsmerkmale zwischen Verstand und Sinnlichkeit ab).

Der Verstand hat über die Sinnlichkeit zu herrschen, indem er ihr Regeln vorgibt und das sinnlich Gegebene nach diesen Regeln ordnet; dies verlangt schon der passive Charakter der Sinnesdaten, die jedoch die Grundlage jeder Erkenntnis bilden.

II)

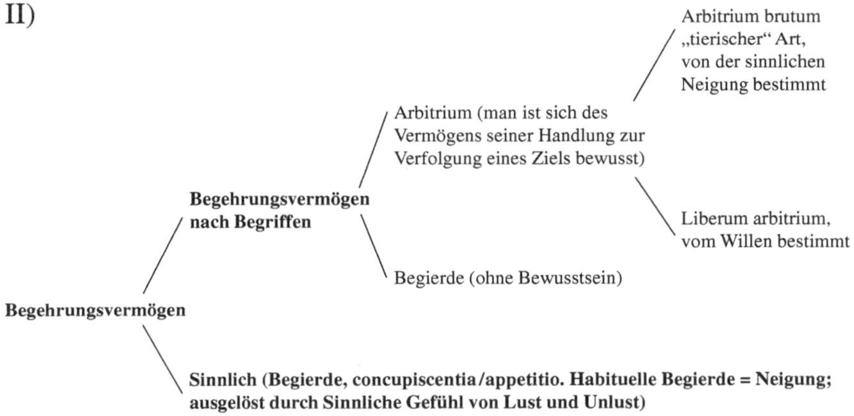

„Begehrungsvermögen ist das Vermögen durch seine Vorstellung Ursache der Gegenstände dieser Vorstellungen zu sein“ (Metaphysik der Sitten, AA VI, S. 211)

Der Wille ist identisch mit der reinen praktischen Vernunft. Die freie Willkür (menschliche Willkür) muss als frei gedacht werden, selbst wenn sie durch sinnliche Neigungen affiziert werden kann. Sie beruht auf der Vernunft und ist *praktisch*. Der „arbitrium brutum“ hingegen ist *sinnlich* und damit *pathologisch*. Kant nimmt so die ursprüngliche Bedeutung von „appetitus“ als „passio“ wieder auf, wobei der Ausdruck „pathologisch“ hier schon (oder wieder – denkt man an die Stoiker) auf die Bedeutung „krankhaft“ hindeutet, was der Auffassung Kants von der Sinnlichkeit im moralischen Bereich ja auch entspricht.

III)

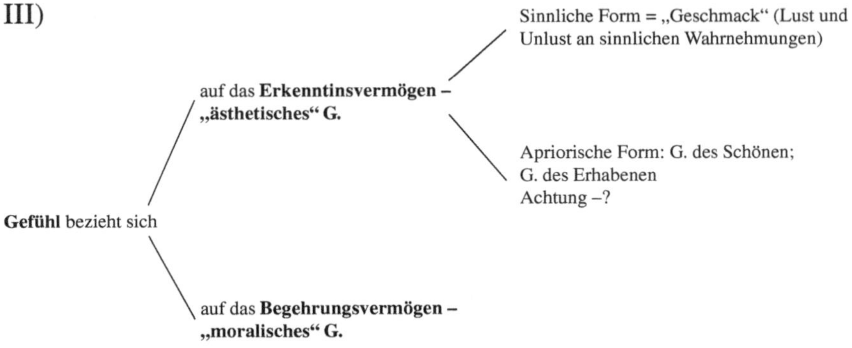

Das „Gefühl von Lust und Unlust“ ist maßgeblich durch seine Subjektivität bestimmt und bezieht sich nicht wie die anderen beiden Seelenvermögen auf ein Objekt, kann aber wie diese sowohl als „sinnliches“ als auch als „apriorisches“ Vermögen auftreten. Das „Gefühl“ ist „moralisch“, wenn es sich auf das Begehrungsvermögen bezieht, „ästhetisch“ wenn es sich auf das Erkenntnisvermögen bezieht. Das ästhetische Gefühl wird als „Geschmack“ bezeichnet, wenn es sich auf Lust oder Unlust an sinnlichen Wahrnehmungen bezieht; in der „apriorischen“ Form wird es als „Gefühl des Schönen“ bzw. „Gefühl des Erhabenen“ bezeichnet.

Das Gefühl der Lust oder Unlust kann aber auch mit dem Begehrungsvermögen verknüpft sein und damit moralische Bedeutung erlangen: das sinnliche Gefühl der Lust oder Unlust löst ein sinnliches Begehren aus. Aber auch das vernünftige Begehren bedarf des Gefühls als subjektiven Stimulus. Da sinnliche Gefühle in der Ethik Kants keine Rolle spielen dürfen, muss es auch ein intellektuelles „apriorisches“ Gefühl der Lust und Unlust geben: dieses ist bei Kant das moralische Gefühl der „Achtung“, die einzig legitime, weil nicht sinnliche, Triebfeder der Moral.

Das Gefühl spielt in Kants Transzendentalphilosophie eine zentrale Rolle sowohl für die Ästhetik als auch für die Moral; allerdings nicht das Gefühl in seiner sinnlichen, empirischen Ausprägung, das hingegen Thema der „Anthropologie“ ist.

In der „Anthropologie“, unterscheidet Kant (wie nur Spinoza vor ihm) auf theoretischer Ebene zwischen zwei Begriffen („affectus“ und „passio“, die zuvor synonym verwendet worden waren) für zwei verschiedene emotionale Phänomene: „Affekte“ und „Leidenschaften“. Die Affekte sind dem „Gefühl“ zuzurechnen, während die Leidenschaften Teil des Begehrungsvermögens sind und von Kant als „passiones animi“ bezeichnet werden.

„Affekte“ sind gegenwärtige, plötzliche und unkontrollierte Gefühle von Lust/Unlust; „Leidenschaften“ hingegen sind anhaltende Neigungen des sinnlichen Begehrungsvermögens, welche die ethische, auf Grundsätzen aufbauende Willensausübung behindern oder sogar unmöglich machen.

Die „Affekte“ können – müssen jedoch nicht zwangsläufig – Begierde auslösen; die „Leidenschaften“, als anhaltende Neigungen, können hingegen selbst Handlungen auslösen und stellen somit das sinnliche Gegenstück zum Willen dar.

Laut Kant sind beide Phänomene vernunftwidrig. Er vergleicht sie mit Krankheiten, wobei die „Leidenschaften“ für ihn die schlimmeren Krankheiten sind.

Als Beispiele für „Affekte“ zählt Kant die vier stoischen „Passionen“ Freude, Traurigkeit, Hoffnung und Furcht sowie deren Ableitungen auf (Schreck, Stutzen, Verwunderung, Erstaunen, Bangigkeit, Scham, Angst, Grauen, Entsetzen, Zorn, „Jachzorn“, konvulsivische Fröhlichkeit (Lachen), Wehmut (Weinen), Mut).

Kant bewertet die Affekte und das sinnliche Gefühl jedoch an manchen Stellen auch positiv, insbesondere im Zusammenhang mit dem Leben:

> Vergnügen ist das Gefühl der Beförderung; Schmerz das einer Hindernis des Lebens. Leben aber (des Tiers) ist, wie auch schon die Aerzte angemerkt haben, ein kontinuierliches Spiel des Antagonismus von beiden (Anthropologie, § 60 AA VII, S. 231).

Das Gefühl ist somit von vitaler Nützlichkeit, und zwar nicht nur als pragmatische Orientierungsfunktion, die den Passionen schon im sinnlich-vitalen Zusammenhang zukam; auch das ästhetische Gefühl dient der „Weltorientierung". Der Schmerz ist für Kant wie schon für Locke Handlungsantrieb. In diesem Sinne erbt das Gefühl die positiven Aspekte, die den „passiones" schon früher zuerkannt worden waren. Die Scholastik, Hobbes, Descartes und Locke machen keine Unterscheidung zwischen moralischen Passionen und vitalen Trieben, doch erfährt der vitale Aspekt (soweit er diskutiert wird) immer eine positive Bewertung. Kant trennt Affekt und Gefühl auf der einen Seite von Leidenschaft auf der anderen; dies entspricht nicht genau der Aufspaltung der „passio" in einen vitalen und einen moralischen Aspekt, da Gefühl und Affekt weit über das Vitale hinausgehen.

Doch werden die positiven (vitalen) Aspekte in dieser Unterscheidung in erster Linie auf die Seite des Affekts und des Gefühls übertragen, die negativen (moralischen) hingegen auf die der Leidenschaft. In der „Kritik der Urteilskraft" betrachtet Kant die Affekte als moralisch neutral; in der „Anthropologie" erkennt er ihnen sogar einen moralischen Nutzen zu: in ihrer vitalen Funktion könnten sie, wenn sie der weisen Einrichtung der Natur folgen, sogar als „einstweiliges Surrogat der Vernunft" fungieren (C. Newmark, S. 218).

Kant unterteilt die Leidenschaften in natürliche (Freiheits- und Geschlechtsneigung) und erworbene (Ehr-, Herrsch-, Habsucht). Liebe, Hass und Rachegelüste werden nicht „klassifiziert", sind jedoch „ziemlich natürlich". So „ordnet" Kant das sinnliche Begehrungsvermögen und definiert „Leidenschaft" wie folgt:

> Die subjektive Möglichkeit der Entstehung einer gewissen Begierde, die vor der Vorstellung ihres Gegenstandes vorhergeht, ist der Hang *(propensio)*; die innere Nötigung des Begehrungsvermögens zur Besitznehmung dieses Gegenstandes, ehe man ihn noch kennt, der Instinkt (wie Begattungstrieb, oder der Elterntrieb des Tieres seine Junge zu schützen u. d. g.). – Die dem Subjekt zur Regel (Gewohnheit) dienende sinnliche Begierde heisst Neigung *(inclinatio)*. – Die Neigung, durch welche die Vernunft verhindert wird, sie in Ansehung einer gewissen Wahl mit der Summe aller Neigungen zu vergleichen, ist die Leidenschaft *(passio animi)*. (Anthropologie, III, § 80, 265).

Die Leidenschaft ist somit die sinnliche Alternative zum Erkenntnisvermögen, also zum Willen oder zur praktischen Vernunft, die sich gegenseitig ausschließen. Mit der Wahl der Leidenschaft wendet man sich gegen die Vernunft, was dazu führt, dass Handlungen durch „sinnliche Maximen" statt durch „Maximen der Vernunft" geleitet werden:

> Leidenschaft setzt immer eine Maxime des Subjekts voraus, nach einem von der Neigung ihm vorgeschriebenen Zwecke zu handeln. Sie ist also jederzeit mit der Vernunft desselben verbunden, und blossen Tieren kann man keine Leidenschaften beilegen, so wenig wie reinen Vernunftwesen. (Anthropologie, III, § 80, 266).

Die Leidenschaft „als eine sinnliche Neigung, welche vom Subjekt zur Maxime genommen wird" (C. Newmark, S. 220) ist in der Lage, die Funktion der Vernunft zu usurpieren.

Abschließend kann gesagt werden: in der Pflicht- und Gesetzesethik Kants haben die Passionen keine normative Bedeutung mehr. Doch das Begehrungsvermögen stellt weiterhin die negative Seite dieser dar. Es tritt als das Negativ der Vernunftethik auf, als Beschäftigung mit denjenigen Phänomenen, die von der Ethik als illegitim aufgefasst werden. Ganz traditionell besteht auch für Kant das Problem der Leidenschaften in der Tatsache, dass diese als Begehrungsvermögen aktiv sind, während sie als sinnliches Vermögen („als Sinnlichkeit", C. Newmark, S. 220) passiv sind. „Actio" und „passio", „movens" und „motum" ist die Gegensätzlichkeit, die dem sinnlichen Streben von der gesamten aristotelisch-thomistischen Tradition zugesprochen wird und die aus den Passionen ein moralisches Problem macht. Auch bei Kant überschreiten die Leidenschaften letztendlich die von ihm gezogene klare Grenze zwischen Sinnlichkeit/Passivität auf der einen Seite und Vernunft/Aktivität auf der anderen.

Die kantianischen Leidenschaften stehen damit sowohl konzeptuell als auch in ihrer ethischen Problematik in der Tradition der alten Passionstheorien. Die kantianischen Affekte hingegen sind sowohl konzeptuell als auch wegen ihres relativ geringen ethischen Gewichts eine philosophische Neuerung. Vor allem aber wird das *Gefühl*, die Grundlage der Affekte, aufgewertet, als emotionale und urteilende Vermittlung zwischen Erkenntnis und Begehren. Definitiv konzeptualisiert ist in diesem Vermögen des Gefühls die moralische Perzeption von Lust und Unlust, welche über die gesamte Tradition hinweg eng mit den Passionen verbunden, aber nie eindeutig theoretisiert war und einigermaßen mehrdeutig zwischen Wahrnehmung und Streben stand – C. Newmark, S. 221)

Bemerkenswert ist in diesem Zusammenhang auch, dass die meisten der traditionellen Passionen bei Kant zu Affekten, nicht zu Leidenschaften geworden sind. Als Affekte sind sie sinnliche Phänomene und damit dem intellektuellen Vermögen untergeordnet; ihre Verortung im Gefühl verleiht ihnen jedoch eine moralische Neutralität, durch die sie aufgewertet werden.

Bis hierher scheint sich die Untersuchung der „Passionen" hauptsächlich auf spekulative, autoptische und introspektive Aktivitäten der Philosophen zu stützen. Kant erkennt, dass die „Passion" ein immer noch zu konfuses Konzept ist; mit der Einführung des Gefühls scheint er zu sagen, dass es ein angeborenes Vermögen gibt, das dem Subjekt bei der Beurteilung dessen, was es auf der Grundlage von Lust und Unlust erfährt, eine Orientierungshilfe bietet; die „Passion" wird bei ihm zur „Leidenschaft" im negativen Sinne des Wortes, wenn es sich um eine beständige, auf einen sinnlichen Zweck gerichtete Neigung handelt, die die Fähigkeit hat, den Willen zu überwältigen, der hingegen von geistiger Tätigkeit gelenkt wird.

Das Studium der „Passionen" ist auch für ihn insbesondere vom praktischen, moralischen Gesichtspunkt aus von Bedeutung, auch wenn ihre physiologische Dimension – schon seit Aristoteles – anerkannt worden ist.

Dem physiologischen Aspekt wird man in einem Zeitraum größere Aufmerksamkeit widmen, der in den Jahrzehnten nach Kant beginnt und bis heute andauert, eine Zeit, in der sich die Psychologie als eigenständige Disziplin durchsetzt, die sich nicht mehr nur auf die (Selbst-) Beobachtung stützt sondern auch – und immer mehr – experimentelle Verfahren anwendet, was sie (quasi?) zu einer Naturwissenschaft macht.

Es scheint mir daher legitim zu sein, die mehr oder weniger rein philosophischen Betrachtungen an dieser Stelle abzubrechen, um schnell noch einige Autoren aus anderen Bereichen zu Wort kommen zu lassen.

Bei diesen erscheint der Terminus „Passion“ nicht mehr, sondern wird ersetzt durch „Emotion“, ein Wort, dass schon Descartes verwendete und das im psychologischen Bereich von Th. Ribot (1839–1916) wieder aufgegriffen wird.

Charles Darwin, (1809–1882) formuliert in „The Expression of the Emotions in Man and Animals“, 1872) drei „Prinzipien“ zur Entstehung von Emotionsausdrücken:

> I. T*he principle of serviceable associated Habits.* – Certain complex actions are of direct or indirect service under certain states of the mind, in order to relieve or gratify certain sensations, desires, &c.; and whenever the same state of mind is induced, however feebly, there is a tendency through the force of habit and association for the same movements to be performed, though they may not then be of the least use. Some actions ordinarily associated trough habit with certain states of the mind may be partally repressed trough the will, and in such cases the muscles which are least under the separate control of the will are the most liable still to act, causing movements which we recognize as expressive. In certain other cases the checking of one habitual movement requires other slight movements; and these are likewise expressive.
>
> II. *The principle of Antithesis.* – Certain states of the mind lead to certain habitual actions, which are of service, as under our first principle. Now when a directly opposite state of mind is induced, there is a strong and involuntary tendency to the performance of movements of a directly opposite nature, tough these are of no use; and such movements are in some cases highly expressive.
>
> III. *The principle of actions due to the constitution of the Nervous System, indipendently from the first of the Will, and indipendently to a certain extent of Habit.* – When the sensorium is strongly excited, nerve-force is generated in excess, and is transmitted in certain definite directions, depending on the connection of the nerve-cells, and partly on habit: or the supply of nerve-force may, as it appears, be interrupted. Effects are thus produced which we recognize as expressive. This third priciple may, for the sake of brevity, be called that of the direct action of the nervous system. (Ch. Darwin, op. cit., S. 28–29).

Das Buch beschreibt detailliert eine Reihe von emotionalen Reaktionen, die sowohl Menschen unterschiedlicher Abstammung und verschiedenen Alters als auch Haustiere oder in Gefangenschaft lebende Tiere aufweisen, und greift hierbei auch auf Illustrationen zurück. Interessant sind bei Letzteren die Fotografien, mit denen der französische Arzt G.B. Duchenne (1806–1875) Gesichtsausdrücke – die normalerweise mit Emotionen verbunden sind – dokumentiert hat, die nicht durch die subjektive Wahrnehmung der Emotion, sondern durch Elektrostimulation der jeweiligen Gesichtsmuskulatur ausgelöst wurden. Darwin dienten die Illustrationen auch dazu, die Intersubjektivität der Interpretation von Gesichtsausdrücken oder Gestik nachzuweisen und so den kommunikativen Charakter von Emotionen hervorzuheben. Aufschlussreich sind auch die Erwägungen zur Schamröte im letzten Kapitel.

Darwin unterstreicht die stammesgeschichtlichen Grundlagen der emotionalen Reaktionen und trägt dazu bei, den das bisherige Denken kennzeichnenden *Anthropozentrismus* zu redimensionieren; darüber hinaus nimmt er die Ethologie vorweg.

William James (1842–1910) entwickelte zeitgleich mit (aber unabhängig von) C.G. Lange eine Emotionstheorie, die nach den beiden Autoren benannt ist und wiederholt in „Thinking about feelings" zitiert wird. Diese Theorie stellt – zusammenfassend dargestellt – die These auf, dass Emotionen im Wesentlichen aus den körperlichen Manifestationen selbst bestehen, die in früheren Theorien hingegen als Folge von Emotionen bzw. als deren somatische Symptome dargestellt wurden.
In seiner Abhandlung „What is an emotion" (1884) schreibt James:

> I should say first of all that the only emotions I propose expressly to consider here are those that have a distinct bodily expression. That there are feelings of pleasure and displeasure, of interest and excitement, bound up with mental operations, but having no obvious bodily expression for their consequence, would, I suppose, be held true by most readers....
> Surprise, curiosity, rapture, fear, anger, lust, greed, and the like, become then the names of the mental states with which the person is possessed. The bodily distur-

> bances are said to be the "manifestation" of these several emotions, their "expression" or "natural language"; and these emotions themselves, being so strongly characterized both from within and without, may be called the *standard* emotions. Our natural way of thinking about these standard emotions is that the mental perception of some fact excites the mental affection called the emotion, and that this latter state of mind gives rise to the bodily expression. My thesis on the contrary is that *the bodily changes follow directly the* PERCEPTION *of the exciting fact, and that our feeling of the same changes as they occur* IS *the emotion.* Common sense says, we lose our fortune, are sorry and weep; we meet a bear, are frightened and run; we are insulted by a rival, are angry and strike. The hypothesis here to be defended says that this order of sequence is incorrect, that the one mental state is not immediately induced by the other, that the bodily manifestations must first be interposed between, and that the more rational statement is that we feel sorry because we cry, angry because we strike, afraid because we tremble, and not that we cry, strike, or tremble, because we are sorry, angry, or fearful, as the case may be. Without the bodily states following on the perception, the latter would be purely cognitive in form, pale, colourless, destitute of emotional warmth.... A purely disembodied human emotion is a nonentity.

James ist der Ansicht, dass es einen adaptiven stammesgeschichtlichen Ursprung der Emotionen gibt, auch wenn sich diese in der zivilisierten Welt in Reaktionen auf andere als die ursprünglichen Reize manifestieren. Hierin ist er einer Meinung mit Darwin. Auch moralische, intellektuelle und ästhetische Gefühle sind seiner Ansicht nach, sofern sie nicht mit einem „irgendwie gearteten körperlichen Ausdruck" einhergehen, nichts anderes als kognitive Akte, denen keine Lust/Unlust innewohnt.

Er schließt mit den Worten ab:

> ...who shall say that their antagonism (of cognition and emotion) may not just be one phase of the world-old struggle known as that between the spirit and the flesh? – a struggle in which it seems pretty certain that neither party will definitively drive the other off the field.

James stellt auch einen pathologischen (im Sinne von „krankhaften") Zustand vor, in einer Art „klinischer Fallbeschreibung":

> Thus, to take one special instance, if inability to draw deep breath, fluttering of the heart, and that peculiar epigastric change felt as "precordial anxiety," with an irresistible tendency to take a somewhat crouching attitude and to sit still, and

with perhaps other visceral processes not now known, all spontaneously occur together in a certain person; his feeling of their combination *is* the emotion of dread, and he is the victim of what is known as morbid fear. A friend who has had occasional attacks of this most distressing of all maladies, tells me that in his case the whole drama seems to centre about the region of the heart and respiratory apparatus, that his main effort during the attacks is to get control of his inspirations and to slow his heart, and that the moment he attains to breathing deeply and to holding himself erect, the dread, *ipso facto*, seems to depart.

Hiermit greift James *Sigmund Freud* (1856–1938) vor, der in einer seiner Abhandlungen („Ueber die Berechtigung, von der Neurasthenie einen bestimmten Symptomenkomplex als „Angstneurose" abzutrennen") aus dem Jahr 1894 eben das von James zitierte (wohl bekannte) klinische Bild behandelt. Freud geht später bekanntermaßen weit über die klinischen Fälle, mit denen er sich in seinen ersten Arbeiten beschäftigt hat, hinaus und entwickelt die „Psychoanalyse", deren Definition auf drei Säulen beruht:

Psychoanalyse ist der Name

1) *eines Verfahrens zur Untersuchung seelischer Vorgänge, welche sonst kaum zugänglich sind;*
2) *einer Behandlungsmethode neurotischer Störungen, die sich auf diese Untersuchung gründet;*
3) *eine Reihe von psychologischen, auf solchem Wege gewonnenen Einsichten, die allmählich zu einer neuen wissenschaftlichen Disziplin zusammenwachsen.* (Freud, „Psychoanalyse", 1922, in „Handwörterbuch der Sexualwissenschaft", Bonn, 1923).

Weder Freud noch andere Psychoanalytiker werden eine Emotionstheorie formulieren. Bei der psychoanalytischen Auffassung des Seelenlebens werden Emotionen jedoch in ein neues mentales Modell eingeordnet („erste Topik", das die Psyche in *Bewusstes, Vorbewusstes* und *Unbewusstes* unterteilt), in dem sich der wichtigste Teil mentaler Aktivität unbewusst und – da das Unbewusste für das Bewusstsein inakzeptable Triebinhalte umfasst – teilweise „verdrängt" vollzieht.

Das Seelenleben besteht aus einem beständigen Konflikt zwischen den triebhaften Bedürfnissen (die Freud im sogenannten „zweiter Topik" *Es* nennt) und den Bedürfnissen der Zivilisation (*Über-Ich*).

Das *Ich* hat die nicht ganz leichte Aufgabe des Vermittlers zwischen dem *Es* und dem *Über-Ich*. An diesem Konflikt sind einige „Passionen" beteiligt, wie Neid („Penisneid"), Begierde (der von Freud verwendete Begriff „Libido" scheint mir – abgesehen von der Akzentsetzung auf die Sexualität – dem Begriff „Conatus" von Spinoza verwandt zu sein) und ihre Gegenstände, Angst (verursacht von unterdrückter Sexualität; oder auch Kastrationsangst) und viele andere Konzepte (häufig mit neuer Benennung), die uns schon begegnet sind. Neu dagegen ist die dynamische Beziehung, welche die Psychoanalyse zwischen diesen entdeckt hat. Sie legt dar, wie aus einer „Passion" – durch eine Reihe psychischer („Abwehr-")Mechanismen, die durch klinische Arbeit identifiziert werden können – andere entstehen. Ausgangspunkt für diesen Vorgang ist auch unbewusstes/verdrängtes Material, dessen Vorläufer die „petites perceptions" von Leibniz waren, wie auch andere freudianische Konzepte von Schopenhauer, Nietzsche u.a. vorweggenommen wurden. Zugang zu diesem unbewussten/verdrängten Material kann man durch den Prozess der „freien Assoziation", die Interpretation von klinischem Material (z.B. gleichzeitig auftretende Symptome, Fehlleistungen etc.) sowie vor allem von Träumen (die von Freud sogenannte „via regia" zum Unbewussten) erhalten.

Bereits seit einem seiner ersten Werke (abgesehen von den noch früheren Werken neurologischer und – allgemein – „biologischer" Art), „Ueber den psychischen Mechanismus hysterischer Phänomene. Vorläufige Mitteilung" von 1893 (also aus einer Zeit vor der Psychoanalyse), das er zusammen mit Josef Breuer, seinem damaligen „Mentor", geschrieben hat, hebt er die Verbindung zwischen Kognition (in diesem Fall die Erinnerung) und der dadurch bedingten Emotion hervor:

> Wir fanden nämlich... dass die einzelnen hysterischen Symptome sogleich und ohne Wiederkehr verschwanden, wenn es gelungen war, die *Erinnerung* an den veranlassenden Vorgang zu voller Heftigkeit zu erwecken, damit auch den begleitenden *Affekt* wachzurufen.... *Affektloses Erinnern ist fast immer völlig wirkungslos* (meine Kursive).

In diesem Kontext erklären sich Emotionen als Ergebnis der Interaktion zwischen der „Verfassung" (deren Bedeutung von Freud stets unterstrichen wurde) der Person und ihren Lebensumständen, die durch den Wechsel zwischen dem „Lustprinzip“ und dem „Realitätsprinzip“ bedingt werden. Freud scheint sich hierbei auf sehr viel ältere philosophische Konzepte zu stützen, die möglicherweise auf Hobbes zurückgehen – mit dem er eine im Grunde materialistische Haltung teilt. Das „Lustprinzip“ und das „Realitätsprinzip“ strukturieren die beiden Funktionsweisen des psychischen Apparats, den Primärvorgang und den Sekundärvorgang, die sich folgendermaßen unterscheiden:

a) *Unter topischen Gesichtspunkten: Der Primärvorgang kennzeichnet das System des Unbewussten, der Sekundärvorgang das System des Vorbewussten-Bewussten.*
b) *Unter wirtschaftlich-dynamischen Gesichtspunkten: Beim Primärvorgang ist die psychische Energie im freien Fluss. Sie strömt gemäß den Verschiebungs- und Verdichtungsmechanismen ohne Hindernisse von einer Vorstellung zur anderen. Sie hat die Tendenz, Vorstellungen, die das Verlangen bestimmende Befriedigungserfahrungen betreffen, vollständig wieder zu investieren (primitive Halluzination). Beim Sekundärvorgang wird die Energie „gebunden“, bevor sie kontrolliert strömt. Vorstellungen werden beständiger investiert, Befriedigung wird aufgeschoben, wodurch mentale Experimente durchgeführt werden können, bei denen die verschiedenen möglichen Wege zur Befriedigung überprüft werden* (nach: J. Laplanche, J.B. Pontalis).

Der Primärvorgang, auch wenn er später während des gesamten Lebens parallel zum Sekundärvorgang abläuft, entspricht der Funktionsweise des psychischen Apparats beim Kind (sowie unter bestimmten Bedingungen wie im Traum oder bei pathologischen Zuständen). Freud beginnt mit der Untersuchung der psychischen Entwicklung, die er als eine Abfolge von „Phasen“ (orale, anale, phallische…) während der ersten Lebensjahre bis zum Erreichen der Geschlechtsreife beschreibt. Dem stammesgeschichtlichen Blickwinkel von Darwin fügt er einen ontogenetischen Blickwinkel hinzu, anhand dessen das Leben (insbesondere das Gefühlsleben) – zumindest teilweise – als Ergebnis von „Fixierungen“ auf diese oder jene Phase erklärt werden kann. Diese Fixierungen wiederum gehen auf Traumata zurück, die das Kind tatsächlich erlitten hat (in späteren Werken aber wird Freud die überwiegende Bedeutung von Phantasien unterstreichen), Phasen und Fixierungen, in die auch der Erwachsene – angesichts neuer Traumata – zurückfallen kann.

Zurück zur Philosophie: Das phänomenologische Emotionsbild findet seinen Ausdruck in den Werken von Heidegger und *Jean-Paul Sartre* (1905–1980), der dem Thema die Abhandlung „Esquisse d'une théorie des émotions“ (1939) gewidmet hat. Es handelt sich um einen dichten und – zumindest für mich – nicht ganz leicht verständlichen Text, der, nachdem er die Ansätze von James und Lange („periphere Natur von Emotionen“) sowie anderen (unter diesen auch die von T. Dembo, dessen Leistungen er jedoch anerkennt) als unzulänglich kritisiert und die psychoanalytische Theorie („Pour notre part nous ne repoussons pas les résultats de la psychanalyse lorsqu'ils sont obtenus par la compréhension. Nous nous bornons à nier toute valeur et toute intelligibilité à sa théorie sous-jacente de la causalité psychique“ – S. 66) als unzureichend beurteilt, die Phänomenologie als Perspektive vorschlägt, die es durch die eidetische Reduktion ermöglicht, bis zum Wesentlichen der Dinge und, im vorliegenden Fall, der Emotionen vorzudringen:

> … même si, objectivement perçue l'émotion se présentait comme un désordre physiologique, en tant que fait de conscience elle n'est point désordre ni chaos tout pur; elle a un sens, elle signifie quelque chose … elle se pose comme une certaine relation de notre être psychique avec le monde; et cette relation – ou plutôt la conscience que nous prenons d'elle – n'est pas un lien chaotique entre le moi et l'univers; c'est une structure organisée et descriptible. (S. 35–36).

Hinsichtlich der psychologischen Emotionstheorien sei es – stellt Sartre fest –

> comme si la conscience *de* l'émotion était d'abord une conscience réflexive, c'est à dire comme si la forme première de l'émotion en tant que fait de conscience était de nous apparaître comme une modification de notre être psychique …

Aber „la conscience émotionnelle est d'abord irréfléchie ... la conscience émotionnelle est d'abord conscience *du* monde“ (S. 69–70). „L'émotion est une certaine manière d'appréhender le monde“ (S. 71).

> C'est une transformation du monde. Lorsque les chemins tracés deviennent trop difficiles ou lorsque nous ne voyons pas de chemin, nous ne pouvons plus demeurer dans un monde si urgent et si difficile. Toutes les voies sont barrées, il faut pourtant agir. Alors nous essayons de changer le monde, c'est-à-dire de le vivre comme si les rapports des choses à leurs potentialités n'étaient pas réglés par des processus déterministes mais par la magie (S. 79).

> Nous affirmons seulement que toutes (les peurs, les tristesses...) reviennent à constituer un monde magique en utilisant notre corps comme moyen d'incantation (S. 93).

> La véritable émotion ... s'accompagne de croyance... Nous comprenons ici le rôle des phénomènes purement physiologiques: ils représentent le *sérieux* de l'émotion, ce sont des phénomènes de croyance... Il faut donc considérer que l'émotion n'est pas simplement jouée, ce n'est pas un comportement pur; c'est le comportement d'un corps qui est dans un certain état: l'état seul ne provoquerait pas le comportement, le comportement sans l'état est comédie... (S. 96–97).

> Ainsi l'origine de l'émotion c'est une dégradation spontanée et vécue de la conscience en face du monde. Ce qu'elle ne peut supporter d'une certaine manière, elle essaie de le saisir d'une autre manière... (S. 100).

> Mais il ya une réciproque: c'est ce monde lui même qui parfois se révèle à la conscience comme magique au lieu qu'on l'attendait déterminé. Il ne faut pas croire en effet que le magique soit une qualité éphémère que nous posons sur le monde au gré de nos humeurs. Il y a une structure existentielle du monde qui est magique ... nous pouvons ... faire remarquer que la catégorie «magique» régit les rapports interpsychiques des hommes en société et plus précisément notre perception d'autrui (S. 107–108).

Abschließend führt er an:

> Nous appellerons émotions une chute brusque de la conscience dans le magique. Ou si l'on préfère, il y a émotion quand le monde des ustensiles s'évanouit brusquement et que le monde magique apparaît à sa place. Il ne faut donc pas voir dans l'émotion un désordre passager de l'organisme et de l'esprit qui viendrait troubler *du dehors* la vie psychique. C'est au contraire le retour de la conscience

à l'attitude magique, une des grandes attitudes qui lui sont essentielles, avec l'apparition du monde corrélatif, le monde magique. L'émotion n'est pas un accident, c'est un mode d'existence de la conscience, une des façons dont elle *comprend* (au sens heideggérien de «Verstehen») son «être-dans-le-monde».

Sartre veranschaulicht seinen Gedanken anhand von Beispielen, führt allerdings nur „Fälle" an, die heftige Emotionen betreffen: Furcht, Schrecken, Entsetzen, Wut, für welche die vorstehend genannten Thesen ohne Weiteres vertreten werden können. Für „sanftere" Emotionen sind seine Ansichten weniger überzeugend.

Er nimmt auch Bezug auf „émotions fines" und „émotions fausses", erläutert aber Erstere nicht näher und geht bei Letzteren davon aus, dass es sich vielmehr um vorgetäuschte Emotionen handelt.

Wie wir sehen werden, scheinen die neueren (und nicht nur diese) Ansätze Sartre zu widersprechen. Die Emotion ist kein „mode d'existence de la conscience", sondern im Gegenteil etwas, das dem Bewusstsein „vorausgeht" – was im Übrigen nicht verwundert.

Unter den am häufigsten in „Thinking about feelings" zitierten sind zwei zeitgenössische Autoren, die an dieser Stelle genannt werden sollen. Bei dem ersten Autor handelt es sich um einen Psychologen, bei dem zweiten um einen Neurowissenschaftler. Die ihnen gewidmete Aufmerksamkeit deutet darauf hin, dass die Emotionstheorie, auch die philosophische, die Entdeckungen anderer Disziplinen nicht mehr außer Acht lassen kann.

Der erste, *Paul Ekman*, erläutert in dem Artikel „An Argument for Basic Emotions" (erschienen in „Cognition and Emotions", 1992) auch unter Bezugnahme auf vorhergehende Arbeiten, dass „certain facial expressions of emotion appeared to be universal". Ferner legt er dar, dass der Versuch, durch diese Feststellung aufgeworfene Fragen zu beantworten, dazu führte, dass er zwei seiner bisherigen Überzeugungen verwarf. Bei der ersten handelte es sich um die Ansicht, dass eine „Lust-Unlust"-Skala „ausreichend sei, um die Unterschiede zwischen den Emotionen zu erfassen; bei der zweiten um die Auffassung, dass die Beziehung zwischen einem Gesichtsausdruck und

seiner Bedeutung eine soziale Errungenschaft und kulturell variabel sei.
Seine neuen Thesen dagegen lauten:

> 1) There are a number of separate emotions which differ one from another in important ways.
> 2) Evolution played an important role in shaping both the unique and the common features which these emotions display as well as their current function.

In diesem Zusammenhang verwendet Ekman das Adjektiv „basic" in zweierlei Hinsichten: für die Definition von Emotionen, von denen eine nicht von der andere ableitbar ist, und um darauf hinzuweisen, dass Emotionen seiner Meinung nach „evolved for their adaptive value in dealing with *fundamental life-task*" (eine Auffassung, die wir nicht nur bei Darwin, sondern auch bei Kandel gesehen haben). Hierzu zählt er Situationen wie beispielsweise, wenn man mit einer Gefahr, Trauer, Verliebtheit, Frustration, einem Kampf, Untreue usw. konfrontiert wird.

Ekman stellt im Weiteren „nine characteristics of the emotions of *anger, fear, sadness, enjoyment, disgust, and surprise*" fest und ergänzt: „I will also raise the possibility that *contempt, shame, guilt, embarassment, and awe* may also be found to share these nine characteristics" (meine Hervorhebungen).

Laut Ekman unterscheiden sich Emotionen (vom genetischen Standpunkt aus gesehen) voneinander, da

> Our appraisal of a current event is influenced by our ancestral past … emotions are designed to deal with inter-organismic encounters, between people or between people and other animals… I believe the primary function of emotion is to mobilise the organism to deal quickly with important interpersonal encounters, prepared to do so in part, at least, by what types of activity have been adaptive in the past. The past refers in part to what has been adaptive in the past history of our species, and the past refers also to what has been adaptive in our own life history.

Darwins Beitrag hierzu wird ausdrücklich anerkannt.

Nach Ekman besteht jede Emotion nicht nur aus einem einzigen affektiven Zustand, sondern aus einer „Familie“ ähnlicher Zustände, die ein Thema gemein haben und die sich durch „Abwandlungen“ voneinander unterscheiden (er erinnert daran, dass er in einer vorhergehenden Untersuchung mehr als 60 Wut-Zustände beschrieben hat – womit er Chrysippos weit übertrifft):

> The theme is composed of the characteristics unique to that family. The variations on that theme are the product of various influences: individual differences in biological constitution; different learning experiences; and differences specific to and reflecting the nature of the particular occasion in which an emotion occurs.

Er konkretisiert:

> I am proposing that the themes are not simply the most common feature of a basic emotion category, but are the core elements, the product of our evolution, to be found in all instances of an emotion. Also, I do not propose that the boundaries between basic emotion families are fuzzy.

Ekman spricht anschließend ein Problem an, mit dem wir bereits zu Beginn dieser Arbeit konfrontiert waren, die Terminologie:

> The confusion about what are the emotions has been due not just to a failure … to organize emotions into families, with themes and variations, but also to a failure to distinguish emotions from other affective phenomena, such as moods, emotional traits and attitudes, and emotional disorders.

Es ist nicht möglich, bis ins Detail auf die Argumentationen Ekmans einzugehen, da sie sich häufig auf zum damaligen Zeitpunkt noch laufende oder sogar erst noch vorzunehmende Untersuchungen beziehen und bisweilen ausdrücklich hypothetischer Art sind. Es lohnt sich jedoch, die fundiertesten Thesen zusammengefasst in Erinnerung zu rufen:

Die neun Unterscheidungsmerkmale der Grundgefühle lassen sich in zwei Arten unterteilen: drei (Nr. 1, 3 und 4 der nachstehenden Auflistung) grenzen eine Emotion von der anderen ab, die anderen dienen zur Unterscheidung der Emotionen von anderen „affektiven Zuständen“.

1) *Distinctive universal signals*

Der Autor führt an:

> the strongest evidence for distinguishing one emotion from another comes from research on facial expressions. There is robust, consistent evidence of a distinctive, universal facial expression for anger, fear, enjoyment, sadness, and disgust ... the evidence for a unique facial expression for surprise and contempt is not as firm... Facial muscle movement is only one form of expression. Tomkins ... postulated a distinct vocal expression for each of the emotions which have distinctive facial expression... .

Ekman ist von der Richtigkeit dieser – bis heute noch nicht bewiesenen – These überzeugt und fährt fort:

> I believe that emotional expressions provide information to conspecifics, as well as to other animals, about antecedent events, concomitant responses, and probable next behaviour... Emotional expressions are crucial to the development and regulation of interpersonal relationships. To mention just three examples, facial expressions should be involved in the formation of attachements (in infancy as well as in courtship), and in the regulation, acceleration, or deceleration of aggression.

2) *Presence in other primates*

Ekman führt die zitierte Arbeit Darwins und andere, jüngere Werke an. Die Beweise für eine Äquivalenz von Gesichtausdrücken (oder Ausdrücken anderer Art) bei Tieren (Primaten) und beim Menschen sind ungewiss und ermöglichen keine endgültigen Schlussfolgerungen.

> Although the more systematic primate studies have yet to be completed, researchers have observed that other primates generate facial expressions similar to those observed in humans. These observations are also consistent with an evolutionary explanation of the origin of expression, and more generally with the position that biology plays an important role in these emotions. There is no necessary reason why every emotion must appear in other animals, some emotions might have emerged only in humans.

3) *Distinctive physiology*

Diverse Untersuchungen hätten die Existenz verschiedener Aktivitätsmodule des autonomen Nervensystems speziell für Wut, Furcht und Ekel – und möglicherweise für Trauer – nachgewiesen. Die vorliegenden Daten bewiesen laut Ekman, dass die Aktivität des autonomen Nervensystems nicht sozial bestimmtem Lernen entspreche, sondern einem biologisch festgelegten interkulturellen Prozess, da die gleichen Aktivitätsmodule bei Personen aus dem Westen und Angehörigen der Minangkabau beobachtet worden waren, einer matrilinearen Ethnie fundamentaler Moslems in Westsumatra. Das Fehlen vergleichbarer Daten für Emotionen wie Überraschung oder Freude erkläre sich anhand der Tatsache, dass diese Emotionen nicht notwendigerweise Verhaltensreaktionen bedingen, die sich in Bewegung ausdrücken lassen und somit in Form einer Aktivierung des autonomen Nervensystems sichtbar sind. Dieses Argument ist nicht unanfechtbar, wohingegen nur schwer bestreitbar erscheint, dass

> ... it is necessary to posit emotion-specific central nervous system (CNS) activity in my account of basic emotions. The distinctive features of each emotion, including the changes not just in expression but in memories, imagery, expectations, and other cognitive activities, could not occur without CNS organisation and direction. There must be unique physiological patterns for each emotion, and these CNS patterns should be specific to these emotions not found in other mental activity. Here, I am reaching far beyond the data, but not far beyond what the new techniques for measuring brain activity may allow us to discover in this decade.

Bedenkt man die Ergebnisse, die durch funktionelle Magnetresonanztomographie, Positronen-Emissions-Tomographie (PET-Scan) etc. gewonnen werden konnten (und die bereits – ganz am Rande – erwähnt worden sind) sowie die dank der Entdeckung der sogenannten „Spiegelneuronen“ durch G. Rizzolatti und seine Mitarbeiter in den 90er Jahren des vergangenen Jahrhunderts möglich gewordene Öffnung, erweisen sich die Ausführungen Ekmans als deutlich voraussehend.

4) *Distinctive universals in antecedent events*

Obwohl scheinbar offensichtlich, kann nicht vorausgesetzt werden, dass dem Auftreten einer bestimmten Emotion stets die „gleichen Antezedenzien" vorausgehen. Die von Ekman zitierten Wissenschaftler (sowie er selbst) sind sich darin einig, dass ähnliche Umstände ähnliche emotionale Reaktionen hervorrufen, diese jedoch einem starken kulturellen Einfluss unterliegen. Zum Beispiel: „The loss of a significant other … is ‚… an antecedent to sadness in many, perhaps all cultures. But who a significant other is or can be will differ from culture to culture'".

5) *Coherence among emotional response*

Ekman vertritt die Meinung, dass es eine Entsprechung zwischen der für eine bestimmte Emotion spezifischen Aktivität des autonomen Nervensystems und dem Gesichtsausdruck dieser Emotion gäbe. Er beharrt auch darauf, dass es, außer den für die Entstehung des mimischen Ausdrucks erforderlichen Aktivierungen, auch eine Aktivierung spezifischer Bereiche des ZNS geben müsse. Auch diese Aussage – die in einer Reihe mit den unter Punkt 3) getroffenen steht – wird dank der neuen Techniken bestätigt.

6) *Quick onset*

Emotionen manifestieren sich Millisekunden nach der Reizaussetzung, was auf ihre Rolle bei der Evolution zurückzuführen ist. Ihre Manifestation kann sogar dem Bewusstsein, das die Person von ihr hat, vorangehen. Obwohl extrem schnell, sind die „Startle-Reaktionen", die Ekman als einen „Reflex" betrachtet, noch schneller. Der Autor zieht auch die Möglichkeit von Emotionen in Betracht, die sehr viel langsamer auftreten, je nachdem, wie diese eingeschätzt werden.

7) *Brief Duration*

Ekman (der weitere Autoren zitiert, deren Meinungen mit seiner übereinstimmen) ist der Ansicht, dass Emotionen typischerweise von sehr kurzer Dauer seien, in der Größenordnung von Sekunden, nicht von Minuten oder Stunden oder sogar noch längeren Zeiträumen. Er stützt diese Meinung auf Versuchsdaten, gesteht aber ein, dass diese für endgültige Schlussfolgerungen noch nicht ausreichend sind. Er geht davon aus, dass der Eindruck einer lange (über Stunden) andauernden Emotion daher rührt, dass die Emotion im Laufe dieser Zeitspanne wiederholt hervorgerufen wird. Ferner schlägt er das Kriterium „kurze Dauer" zur Abgrenzung der Emotionen von Gemütszuständen („moods") vor, die Stunden oder sogar Tage andauern und sich von den Emotionen auch durch andere Merkmale (Auslöser und Physiologie) unterscheiden.

8) *Automatic appraisal*

Der Autor ist der Meinung (und mit ihm andere Wissenschaftler, die seine Meinung manchmal nur teilweise teilen), dass es zwei „appraisal mechanisms" für den die Emotion verursachenden Reiz gibt:

> There must be an appraiser mechanism which selectively attends to those stimuli (external or internal) which are the occasion for … [one or another emotion]. Since the interval between stimulus and emotional response is sometimes extraordinarily short, the appraisal mechanism must be capable of operating with great speed. Often the appraisal is not only quick but it happens without awareness, so I must postulate that the appraisal mechanism is able to operate automatically.

Aber

> appraisal is not always automatic. Sometimes the evaluation of what is happening is slow, deliberate and conscious. With such a more extended appraisal there may be some automatic arousal, but perhaps not of a kind which is differentiated. The person could be said to be aroused or alerted, but no specific emotion is operative. Cognition plays the important role in determining what will transpire….

9) *Unbidden occurrence*

Die automatische Wahrnehmung des Reizes bewirkt, dass die Emotion wiederholt und außerhalb der subjektiven Kontrolle auftritt. Auch wenn in Fällen, in denen die Wahrnehmung langsamer erfolgt, eine gewisse Kontrolle ausgeübt werden kann, ist diese nicht vollständig und bei den verschiedenen Organen unterschiedlich stark: Die Skelettmuskulatur kann einfacher kontrolliert werden als die Gesichtsmuskulatur (mimischer Ausdruck), die leichter zu kontrollieren ist als der Tonfall, der wiederum besser zu kontrollieren ist als vegetative Manifestationen (wie z.B. der Blutdruck).

Wie die Stoiker mit den „εὐπάθειαι“, so stellt sich auch Ekman die Frage nach den positiven Emotionen. Diese seien, im Gegensatz zu den vorstehend genannten, nicht durch ein „besonderes Zeichen“ charakterisiert. Allen gemeinsam sei das, was Ekman (meiner Meinung nach fälschlicherweise, unter Bezugnahme auf die Experimente und Fotografien von Duchenne, die bereits Darwin verwendete, s.o.) „the Duchenne smile“ nennt, bestehend aus „not only the smiling lips (produced by the *zygomaticus major* muscle), but also by the pulling inwards of the skin surrounding the eyes (produced by the *orbicularis oculi, pars lateralis* muscle“).

Vielleicht – so spekuliert er – können positive Emotionen (er führt unter der zusammenfassenden Bezeichnung „enjoyment“ die folgende Liste auf, die keinen Anspruch auf Vollständigkeit erhebt: „amusement, relief, sensory pleasure, pride in achievement, the thrill of excitement, satisfaction, and contentment“) anhand von charakteristischen Stimmsignalen unterschieden werden. Bis jetzt hat diese Auffassung keine weiteren Bestätigungen erfahren. Möglicherweise sind für positive Emotionen keine charakteristischen Zeichen erforderlich. Vielleicht können sie als „Variationen desselben Themas“ betrachtet werden, da ihre Unterscheidung hinsichtlich des Überlebens des Einzelnen und der Spezies im Laufe der Evolution weniger wichtig war als bei den anderen Emotionstypen.

Der Autor stellt sich die Frage, ob – außer den genannten – auch andere Grundemotionen die angeführten neun Merkmale aufweisen und schlägt „embarassment“, „awe“ und „excitement“ vor, überlässt den Beweis allerdings zukünftigen Untersuchungen. Genauso verfährt er mit der Frage, ob Grundemotionen alle Grundmerkmale aufweisen müssen – insbesondere, ob sie ohne „distinctive sign“ und

„presence in other animals“ vorkommen können –, und erläutert mit dem Hinweis darauf, dass das „distinctive sign“ nicht notwendigerweise aus einem Gesichtsausdruck bestehen muss, dass er die Existenz solcher Emotionen und auch das Auftreten von bei anderen Tieren nicht vorkommenden Emotionen beim Menschen für unwahrscheinlich halte.

Ekman stellt zudem fest, dass es „Emotionsfamilien“ und vielfältige emotional besetzte Zustände gibt, die nicht als Emotionen im engeren Sinne betrachtet werden können, wie beispielsweise „moods“, „emotional attitudes“, „emotional traits“, „emotional disorders“, „emotional plots“, „blends“ und „mixed emotions“. All dies unterstreicht nochmals die Komplexität des Problems, welche sich als unlösbar erweist.

Er fasst abschließend zusammen:

> The basic emotions position which I have described does not dismiss the variety of affective phenomena, it attempts to organise those phenomena, highlighting possible differences between basic emotions and other affective phenomena, which can only be determined by further research. It should be clear by now that I do not allow for "non-basic" emotions. All the emotions which share the nine characteristics I have described are basic. Further research will show, I believe, that they each have unique features (signal, physiology, and antecedents events). Each emotion also has features in common with other emotions – rapid onset, short duration, unbidden occurrence, automatic appraisal, and coherence among responses – which allow us to begin to deal with fundamental life-tasks quickly without much elaborated planning, in ways that have been adaptive in our past. If all emotions are basic, what then is the value of using that term. It underlines the differences between this and other viewpoints and approaches to emotion which do not consider emotions to be separate from one another, and/or do not take an evolutionary viewpoint. It captures what is unique about emotions, and what emotions have in common which distinguish them from other phenomena. The basic emotions framework makes sense of the nine characteristics I have described which distinguish emotions from other affective phenomena.

Bei dem zweiten Autor handelt es sich um *Antonio R. Damasio*, dem ich besondere Aufmerksamkeit widmen werde. Er entwickelt, ausgehend von den Entdeckungen der Neurowissenschaften, eine Gefühls- und Empfindungslehre.

In seinem Buch „Descartes' Irrtum" von 1994 unterstreicht Damasio, möglicherweise nicht ganz absichtlich, das terminologische Problem (das durch das Übersetzungsproblem noch verstärkt werden kann), das ich am Anfang dieser Arbeit erwähnt habe. In diesem Zusammenhang sei es darauf hingewiesen, dass *„emotion"* in der deutschen Übersetzung mit *„Gefühl"* und *„feeling"* mit *„Empfindung"* übertragen wird. Dabei geht der „Bewegungscharakter" von „Emotion" verloren, das „Fühlen" wird hervorgehoben.

In einer Fußnote in Kapitel 7 schreibt er:

> Die hier verwendeten Definitionen von „Gefühl" und „Empfindung" entsprechen nicht dem orthodoxen Gebrauch. Viele Autoren machen keinen Unterschied zwischen den beiden Wörtern, verzichten ganz auf den Begriff „Empfindung" oder zerlegen „Gefühl" in eine Ausdrucks- und eine Erfahrungskomponente. Die Verwendung zweier separater Termini könnte sich für die weitere Erforschung der Phänomene als hilfreich erweisen.

Damasio geht von der Lehre aus, die aus dem berühmten Fall von Phineas Gage gezogen werden konnte, dem Arbeiter, der 1848 Opfer eines ungewöhnlichen Unfalls wurde, bei dem er einen beachtlichen Teil seines linken Stirnlappens verlor. Er überlebte, verlor aber wichtige Teile seiner vorher unversehrten affektiven, emotionalen und auch rationalen Fähigkeiten (kurz gesagt, er war nach dem Unfall nicht mehr in der Lage, vernünftige Entscheidungen zu treffen). Nach der Ausführung, dass dem Gefühlsleben klar definierte neuronale Substrate und chemische (hormonelle) Prozesse zugrunde lägen, erläutert Damasio seine Vorstellung davon, wie Emotionen und Gefühle entstehen. Diese detaillierte Darstellung findet sich in Kapitel 7 des Werks. Ich werde versuchen, seine Annahmen zusammenzufassen, möchte jedoch daran erinnern – und dies ist erforderlich, damit keine Missverständnisse entstehen – dass „Körper" für Damasio „Körper *ohne* Gehirn" und Gehirn „Gehirn – Geist" bedeuten.

Das Gehirn besteht (evolutionär betrachtet) aus älteren und jüngeren anatomischen Strukturen (Teilen).

Von den ersteren sind Amygdala und Gyrus cinguli anterior für die unbewussten und unbeabsichtigten (wenig mehr als ein Reflex)

Reaktionsselektionen (Pseudo-Entscheidungen elementarer Form) verantwortlich, die z. B. Reptilien haben können.

Letztere (Neokortex) sind erforderlich, um komplexe Situationen zu meistern/unter problematischen Umständen Entscheidungen zu treffen.

Gefühle und Empfindungen sind zentrale Aspekte der biologischen Regulation und für das Überleben von Nutzen. Sie sind Brücken zwischen rationalen und nicht rationalen Prozessen und finden zwischen kortikalen und subkortikalen Strukturen statt.

Gefühle gliedern sich, auch laut Damasio, in primäre und sekundäre Gefühle, und zwar auf der Grundlage ihres Auftretens im Laufe des Lebens.

Primäre Gefühle äußern sich, ausgehend von einem angeborenen, „im voraus angelegten Mechanismus", in der ersten Lebensphase und hängen von den Schaltungen des limbischen Systems ab (Amygdala, Gyrus cinguli anterior).

Sekundäre Gefühle treten bei Erwachsenen auf, „gründen" sich auf die primären Gefühle und entstehen – anatomisch gesehen – im limbischen System *und* in präfrontalen sowie somatosensorischen Rindenabschnitten.

Primäre Gefühle können von allgemeinen Reizen – wie Größe (Größe eines potenziellen Angreifers), Umfang (Flügelspannweite eines Raubvogels), Tönen (Knurren), Bewegung (Gleiten einer Schlange), körperlichem Schmerz – hervorgerufen werden und bestehen aus Körperveränderungen.

Der Mensch ist in der Lage, das Gefühl zu „empfinden", den Zusammenhang zwischen Reiz und Gefühlszustand zu erfassen. Sich der Gefühle bewusst zu sein, ermöglicht „flexible Antworten" auf Grundlage der eigenen Geschichte hinsichtlich der Interaktionen mit der Umwelt (individuelle Erfahrungen).

Empfindungen sind systematische Verbindungen (Juxtapositionen/Überlagerungen) zwischen *Objektkategorien und Situationen* einerseits und *primären Gefühlen* andererseits.

Drei koordinierte Vorgänge führen anschließend zu sekundären Gefühlen:

1) Ein bewusster Prozess mentaler (in untergeordneten Hirnrindenbereichen organisierter visueller, auditiver etc.) Bilder, die in einem Denkprozess organisiert sind und gelenkt von in hoher Anzahl in den Assoziationsarealen der übergeordneten Hirnrinde verteilten „Vorstellungsbildern“ erzeugt werden.
2) Ein unbewusster Prozess, bei dem in der präfrontalen Hirnrinde mentale Bilder auf der Grundlage von Vorstellungsbildern erzeugt werden, die Kenntnisse über individuelle, einmalige Verbindungen zwischen Situationsarten und emotionalen Reaktionen einbeziehen.
3) Ein automatischer (unbewusster, unwillkürlicher) Prozess, bei dem das Ergebnis des 2. Prozesses an die Amygdala und an den Gyrus cinguli anterior gemeldet wird, die über *a)* das autonome Nervensystem, das viszerale Reaktionen erzeugt, *b)* das motorische System, das durch Gesichtsausdruck und Körperhaltung das auftretende Gefühl ausdrückt, *c)* das endokrine und das Peptidsystem und *d)* die unspezifischen *Neurotransmitter-Kerne* im verlängerten Rückenmark und im basalen Vorderhirn reagieren.

Bei den sekundären Gefühlen „werden viele Teile des Körpers in einen neuen Zustand versetzt“ (S. 189). Die von *a)*, *b)* und *c)* hervorgerufenen Veränderungen bestimmen den „emotionalen Körperzustand“, der vom limbischen und somatosensorischen System erkannt wird. Die von *d)* erzeugten Veränderungen haben starke Auswirkungen auf die Modalitäten und die Effizienz der kognitiven Prozesse und schaffen einen Parallelweg für die emotionale Reaktion.

Damasio schreibt:

> I see the *essence* of emotion as the collection of changes in body state that are induced in myriad organs by nerve cell terminals, under the control of a dedicated brain system, which is responding to the content of toughts relative to a particular entity or event. Many of the changes in body state – those in skin color, body posture, and facial expression, for instance – are actually perceptible to an external observer... Other changes in body state are perceptible only to the owner of the body in which they take place. But there is more to emotion than its essence. In conclusion, emotion is the combination of a *mental evaluative process*, simple or complex, with *dispositional responses to that process*, mostly *toward the*

body proper, resulting in an emotional body state, but also toward the brain itself (neurotransmitter nuclei in brain stem), resulting in additional mental changes. Note that, for the moment, I leave out of emotion the perception of all the changes that constitute the emotional response (S. 139).

Er präzisiert sofort: „As you will soon discover, I reserve the term *feeling* for the experience of those changes".

Alle Gefühle erzeugen Empfindungen (genannt *Empfindungen der Gefühle*). Es gibt aber – bei aufgeweckten und aufmerksamen Personen – Gemütszustände, die noch Empfindungen genannt werden, ihren Ursprung jedoch nicht in Gefühlen haben und die von Damasio „Hintergrundempfindungen" genannt werden.

Zu den *Empfindungen der Gefühle* schreibt Damasio:

> As body changes take place, you get to know about their existence and you can monitor their continuous evolution. You perceive changes in your body state and follow their unfolding over seconds and minutes. That process of continuous monitoring, that experience of what your body is doing *while* thoughts about specific contents roll by, is the essence of what I call a feeling… If an emotion is a collection of changes in body state connected to particular mental images that have activated a specific brain system, *the essence of feeling an emotion is the experience of such changes in juxtaposition to the mental images that initiated the cycle.* In other words, a feeling depends on the juxtaposition of an image of the body proper to an image of something else, such as the visual image of a face or the auditory image of a melody (S. 145).

Es gibt notwendige, alleine aber noch nicht ausreichende Bedingungen, um Empfindungen zu empfinden:

> Receiving a comprehensive of signals about the body state in the appropriate brain regions is the necessary beginning but is not sufficient for the feelings to be felt… a further condition for the experience is a correlation of the ongoing representation of the body with the neural representations constituiting the self. A feeling about a particular object is based on the subjectivity of the perception of the object, the perception of the body state it engenders, and the perception of modified style and efficiency of the tought process as all of the above happens (S. 147–148).

Es gibt viele Arten von Empfindungen:

I) Auf Gefühlen beruhende Empfindungen (die universalsten sind Glück, Traurigkeit, Wut, Furcht und Ekel). Sie entsprechen Körperzustandsprofilen und sind „präorganisiert" *(Empfindungen von grundlegenden Universalgefühlen).*

II) Auf Gefühlen beruhende Empfindungen, die subtile Abwandlungen der fünf vorstehenden sind. Z.B. „sind von Glück Euphorie und Ekstase „abgeleitet", von Traurigkeit Melancholie und Wehmut, von Furcht Panik und Schüchternheit" *(Empfindungen von differenzierten Universalgefühlen).*

III) *Hintergrundempfindungen.* Die evolutionär ältesten Empfindungen; Sie leiten sich nicht von Gefühlen ab, sondern von „Hintergrundzuständen des Körpers", vom „Empfinden des Lebens selbst", vom „Empfinden des Seins". Sie weisen eine weniger große Bandbreite auf als die Empfindungen der Gefühle und sind weder übermäßig positiv noch übermäßig negativ. Wir sind uns ihrer nur schwach – dafür jedoch ununterbrochen – bewusst:

> A background feeling corresponds… to the body state prevailing between emotions… The concept of "mood", tough related to that of background feeling, does not exactly capture it. When background feelings are persistently of the same type over hours and days, and do not change quietly as thought contents ebb and flow, the collection of background feelings probably contributes to a mood, good, bad, or indifferent (S. 150–151).
>
> Unlike our environment, whose constitution does change, and unlike the images we construct relative to that environment, which are fragmentary and conditioned by external circumstance, background feeling is mostly about body state. Our individual identity is anchored on this island of illusory living sameness against which we can be aware of myriad other things that manifestly change around the organism (S. 155).

Danach schreibt Damasio:

> There are thus neural devices that help us feel "as if" we were having an emotional state, as if the body were beeing activated and modified. Such devices permit us to bypass the body and avoid a slow and energy-consuming process. We conjure up some semblance of a feeling within the brain alone. I doubt,

> however, that those feelings feel the same as the feelings freshly minted in a real body state (S. 155–156).

(Dies scheint mir in etwa „meinen" Emotionen zweiten Grades zu entsprechen).

> If all of our feelings were of the "as if" type, we would have no notion of the ever-changing modulation of affect that is such a salient trait of our mind (S. 158).

> First, it is apparent that emotion is played out under the control of both subcortical and neocortical structures. Second, and perhaps more important, *feelings are just as cognitive as any other perceptual image*, and just as dependent on cerebral-cortex processing as any other image.
> To be sure, feelings are about something different. But what makes them different is that they are first and foremost about the body, that they offer us *the cognition of our visceral and musculoskeletal state* as it becomes affected by preorganised mechanisms and by the cognitive structures we have developed under their influence. Feelings let us *mind the body*, attentively, as during an emotional state, or faintly, as during a backgrond state. They let us mind the body "live", when they give us perceptual images of the body, or "by rebroadcast", when they give us recalled images of the body state appropriate to certain circumstances, in "as if" feelings.
> Feelings offer us a glimpse of what goes on in our flesh, as a momentary image of that flesh is juxtaposed to the images of other subjects and situations; in so doing, feelings modify our comprehensive notion of those other objects and situations. By dint of juxtaposition, body images give to other images a *quality* of goodness or badness, of pleasure or pain... Their influence is immense (S. 159–160).

> Knowing that a substance is working on certain systems, in certain circuits and receptors, and in certains neurons, does not explain why you feel happy or sad. It establishes a working relationship among the substance, the systems, the circuits, the receptors, the neurons, and the feelings, but it does not tell you how you get from one tot he other. It is only the beginning of an explanation. If feeling happy or sad corresponds in good part to a change in the neural representation of ongoing body states, then the explanation requires that the chemicals act on the source of those neural representations, that is, the body proper itself, and the many levels of neural circuitry whose activity patterns represent the body (S. 160–161).

Mir scheint, Damasio liefert eine – sicherlich plausible und der Realität der Dinge nahekommende sowie weitgehend experimentell verifizierbare (und früher oder später falsifizierbare) – Erklärung dafür, wie dem Gehirn-Geist vom Körper unzählige Signale bezüglich seines Zustands übermittelt werden, die auf Abweichungen von einem natürlichen „Grundgleichgewicht“ hinweisen. Signifikante Abweichungen von diesem bestimmen die „Grundgefühle“. Die eingehenden Signale lösen wiederum Antwortsignale aus, die auf den momentanen Notwendigkeiten beruhen (welche das Wesen des Eingangssignals darstellen) und auf den vom Organismus vorher gemachten Erfahrungen, die das Antwortsignal modulieren und formen. Immer komplexere neuronale Schaltkreise – die sich im Laufe der Phylogenese entwickelt und von den elementaren Reaktionen der einfachsten Organismen zu immer differenzierteren Reaktionen der höher entwickelten Organismen geführt haben – gestatten es uns, das Auftreten von sekundären Gefühlen und von Empfindungen zu erklären. Doch auch Damasios vielgliedrige Konstruktion löst das Problem des qualitativen Sprungs vom Somatischen zum Psychischen nicht, selbst wenn damit höchstwahrscheinlich demonstriert werden konnte, dass die kartesische Vorstellung einer Trennung von Geist und Körper ein Trugschluss ist. Es wird dank Damasios Erläuterungen hingegen ziemlich deutlich, dass es keine Gedankeninhalte (und auch keinen Geist an sich) gäbe, wären da nicht die Informationen, die unablässig vom Körper an das Gehirn, von bestimmten Gehirnarealen an bestimmte andere, vom Gehirn an den Körper und wieder zurück gesendet werden, etc. Es bleibt jedoch auch weiterhin schwer zu verstehen, wie diese Unmenge an rationalen und – in der Mehrheit – irrationalen und unbewussten Informationen zu dem werden, was wir erleben, wenn wir denken und empfinden. Damasio macht einen wichtigen Schritt in Richtung einer Erklärung des Geistes, doch der entscheidende Schritt ist noch immer nicht gemacht (und wird wahrscheinlich auch weiterhin nicht gemacht werden).

Denn dieser Schritt wird nicht dadurch vollzogen, dass man der Beschreibung des zentralen Nervensystems oder seiner Funktionsweise immer noch weitere Details hinzufügt. Die „Erklärung“ zur Entstehung der Subjektivität – angefangen von einfachen neuronalen Prozessen über das Gedächtnis (Vorstellungsbilder) und die Verbindung von Informationen in höher entwickelten und komplexeren

Nervenstrukturen – sagt uns noch immer nichts darüber, wie genau wir diese von Augenblick zu Augenblick „leben“, mit den vielen Veränderungen, die in jedem Moment eintreten, und wie wir dabei trotzdem einen Sinn für Identität bewahren, der – beim gesunden Menschen – von fundamentaler Bedeutung ist.

Wie mir scheint verfolgt Damasio eine Linie, die – in bestimmter Hinsicht und trotz aller Unterschiede – parallel zur psychoanalytischen Lehre verläuft. Einerseits ist es überraschend, dass er Freuds Werk, obwohl er Freud als großen Denker betrachtet und ihn mit Shakespeare und James (dem Damasio ausdrücklich gewisse Aufmerksamkeit schenkt und in dessen Fußstapfen er tritt) in eine Reihe stellt, grundsätzlich ignoriert. Es wird von ihm kein einziges Mal zitiert – wie im Übrigen auch die Psychiatrie niemals ausdrücklich erwähnt wird (und jede indirekte Bezugnahme auf sie negativ ausfällt). Andererseits ist seine Auffassung von einem in kontinuierlichem Informationsaustausch mit dem Körper befindlichen „Gehirn-Geist“, von einer Aktivität, die zum großen Teil außerhalb des Bewusstseins stattfindet (Damasio unterstreicht, sein Buch befasse sich nicht mit Bewusstseinsfragen), verwandt (jedoch, wie gesagt, auf parallele Weise) mit der Theorie von einem Unbewussten, das den größten Teil des psychischen Lebens ausmacht, und mit der Lehre von einem dem Ich entgegengesetzten Es (auf das Instinkte, Lebenskräfte, Triebe zurückgehen). Doch gibt es noch mehr Parallelen zwischen der Auffassung Damasios und der psychoanalytischen Richtung. So hat er immer neue Prozesse und neuronale Schaltkreise entdeckt (und angesichts der astronomischen Anzahl von Neuronen und synaptischen Verbindungen im menschlichen Gehirn kann davon ausgegangen werden, dass im Laufe der Zeit noch viele weitere ermittelt werden), während sich die Psychoanalyse, durch Freud und insbesondere durch seine Anhänger, mit neuen Konzepten „bereichert“ (oder vielleicht doch eher „belastet“) hat, die – zumindest im Idealfall – helfen sollten, solche Phänomene angemessener zu erklären, die weniger die Aufmerksamkeit des Neurobiologen als vielmehr die des „Klinikers“ auf sich ziehen.

Der entscheidende Unterschied besteht darin, dass das, was Damasio beschreibt, experimentell verifizierbar ist, von anderen Wissenschaftlern reproduziert werden kann, also „objektivierbar" ist. Das, was der Psychoanalytiker „beobachtet", geschieht hingegen im Laufe der Interaktion zwischen diesem und dem Analysierten und ist in einem anderen Umfeld so nicht (exakt) reproduzierbar. Dieses gilt trotz jüngster Untersuchungen, bei denen die Korrelation von neurobiologischen Veränderungen mit bestimmten, typischerweise mit der psychoanalytischen Arbeit assoziierten Prozessen (Einsicht, Übertragung und Gegenübertragung) durch den Einsatz neuroradiologischer Techniken nachgewiesen werden konnte (diesbezüglich müssen wir uns jedoch die – rhetorische – Frage stellen, welche Gehirnaktivitäten nicht mit irgendeinem neuroradiologischen Befund einhergehen; wir müssen uns jedoch auch fragen, ob eine „Objektivierung der Subjektivität" mit diesen oder anderen, noch raffinierteren Methoden, überhaupt möglich ist, d.h. – um die Überlegung zuzuspitzen – ob der experimentelle Wissenschaftler (der Neuroradiologe) je in der Lage sein wird zu entschlüsseln, ob, wann und was die Versuchsperson während des Versuchs denkt, empfindet, erlebt. Die Empathie (mit all ihren Grenzen und ihrem Fehleinschätzungspotential) würde ersetzt durch das radiologische Bild als Simultanübersetzung des „Befunds".

In jedem Fall benötigten sowohl die Neurobiologie als auch – vor deren Entstehen – die Psychoanalyse eine zunehmende Zahl von Konzepten, um der Menge der beobachteten Phänomene gerecht zu werden („mutatis mutandis" gilt dies wahrscheinlich für eine ganze Reihe von Disziplinen: denkt man an die Physik mit ihrer Entdeckung und teilweise theoretischen Hypostasierung einer Art von subatomaren Teilchen, die existieren „müssen", um bestimmte Phänomene erklärbar zu machen). Es ist wahrscheinlich (meiner Ansicht nach sogar unvermeidlich, wenn das Vorgehen vom wissenschaftlichen Standpunkt aus betrachtet in jeder Hinsicht korrekt ist), dass diese „Parallelansichten" an einem bestimmten Punkt beginnen, zu konvergieren, ohne jedoch jemals aufeinander zu treffen, wie bei einer Kurve mit „asymptotischem" Verlauf. Die Divergenz, die fortbestehen wird, stellt den uneinnehmbaren Raum der Subjektivität, der Einzigartigkeit des Individuums dar.

Bei dieser Konvergenz der Neurowissenschaften und der Psychoanalyse (wir können auch von „Psychowissenschaften“ sprechen, zu denen wir alle Disziplinen zählen, die psychische Phänomene, wie sie sich in der Beziehung zwischen Beobachter-Beobachtetem manifestieren, mit allen Besonderheiten/Schwierigkeiten, die diese Beziehung bekanntermaßen mit sich bringt, ohne Rückgriff auf technische Instrumente untersuchen) stellt sich die Frage, welcher Raum noch für die Philosophie bleibt. Es scheint als hätten die Neurowissenschaften und die Psychowissenschaften sie eines Großteils ihres Untersuchungsfeldes der „Passionen“ und – wahrscheinlich – auch der Psychologie im Allgemeinen beraubt. Es gibt keinen Zweifel daran, dass dieses Terrain, das nun die beiden neuen Disziplinen zu ihrem Forschungsfeld gemacht haben, und dies mit bemerkenswerten Ergebnissen, wenn auch – wie wir gesehen haben – große Unterschiede in den Ansichten bestehen, ursprünglich von der Philosophie besetzt war.

Was die „Passionen“ betrifft, scheint es mir zwei wesentliche Problemfelder gegeben zu haben: auf der einen Seite die Frage nach ihrem Ursprung und nach ihrer „Klassifizierung“; auf der anderen die Frage nach ihrer praktischen Bedeutung, insbesondere in ethischer Hinsicht. Diesbezüglich scheint es mir im Wesentlichen zwei Richtungen zu geben: das Ziel ihrer Ausrottung, das von den Stoikern mit der Apathie verfolgt wird, und das ihrer Mäßigung, das praktisch von allen anderen verfolgt wird. Es gibt auch noch einen dritten Weg – dem ich jedoch keine Beachtung geschenkt habe – und zwar den, sich den Passionen hinzugeben oder gar sein Möglichstes zu tun, um sie zu verherrlichen. Dies ist vielleicht der Weg des kyrenaischen Hedonismus, der „Libertins“ oder des „Dionysischen“ (Nietzsche). Mir scheint dieser Weg jedoch zum Scheitern verurteilt und daher wenig interessant zu sein, es sei denn, man betrachtet ihn von einem resignierten Standpunkt aus; sich einer oder mehreren Passionen zu überlassen führt entweder zu Exzessen, die dem diese begehenden Organismus Schäden solcher Art zufügen, dass sie ihn veranlassen (oder dazu zwingen), aufzuhören oder ihn irgendwann umbringen (wie im Falle von Drogensucht oder Alkoholismus – von Pseudo-Andronikos [οἰνοφλυγία] und von Spinoza [Ebrietas] als „Passion“ betrachtet – und *in diesem*

Fall scheinen die Stoiker mit ihrer Gleichsetzung von Passionen und Krankheiten Recht gehabt zu haben), oder sie führen zu Konflikten mit anderen Individuen oder mit der Gesellschaft und ihren Regeln/Gesetzen, mit dem Ergebnis, dass dem Ausleben der „Passion" früher oder später durch externes Eingreifen ein Ende gesetzt wird. Beide Möglichkeiten laufen auf das Gegenteil dessen hinaus, was man gemeinhin als zentral für jeden Organismus erachtet – ob man es nun „Appetitus", „Conatus", „Streben" oder auch Selbsterhaltungstrieb nennt. Und in jedem Fall hat das Sich-der-Kraft-der-Leidenschaften-Überlassen bisher kein großes philosophisches Interesse geweckt, auch wenn diesbezüglich auf ein interessantes Paradox hinzuweisen ist: es gibt nicht wenige Philosophen, die die geistige Aktivität zur höchsten aller Lüste erklären und die durch ihre eigene Aktivität beweisen, Opfer einer besonderen Leidenschaft geworden zu sein: der des Räsonierens, des Wissensdurstes. Auch Damasio scheint sich mit der Überschrift des letzten Kapitels seines Buches in diesem Sinne zu äußern: „Eine Leidenschaft für das Denken").

Die praktische Erfahrung

An diesem Punkt erlaube ich mir eine Interpolation ohne philosophischen Anspruch; denn Emotionen können nur in einem lebenden Organismus stattfinden, und – abgesehen von Darwin – haben sich alle zitierten Autoren nur mit Emotionen beim Menschen beschäftigt, wobei sie auch auf persönliche Erfahrungen zurückgriffen. Die Beschreibung eines realen (aber nicht alltäglichen) Falles von „gelebten Emotionen" kann – wenn sie so genau wie möglich erfolgt, ohne jedoch auf unnötige Details einzugehen – mit Recht als Verständnishilfe zum Problem betrachtet werden (dies gilt trotz des Bewusstseins der Grenzen von „Fallstudien" und der Tatsache, dass auch aus einer großen Anzahl ähnlich gelagerter Fälle – die zusammenzustellen nicht unmöglich wäre – keine Gewissheiten abgeleitet werden könnten, wie Hume und Popper lehren).

Meine ersten Kontakte mit Sophia (ihr Name – sowie die Namen der anderen *dramatis personae* – ist natürlich fiktiv, wenn auch nicht zufällig gewählt) gehen auf eine Zeit zurück, in der sie etwa 30 Jahre alt war; sie zogen sich ein paar Monate hin und wurden dann von einer Reihe von Krankenhausaufenthalten unterbrochen, die mehrere Monate andauerten. Sie lag einige Monate in einem Krankenhaus, in dem ich damals „Konsiliarius" war und in dem später die Abteilung für Psychiatrie und Psychotherapie geschaffen wurde, deren Chefarzt ich heute bin. Jahre nach unseren ersten Zusammentreffen (die bis dahin sehr unregelmäßig geblieben waren) verbrachte Sophia etwa ein Jahr in diesem Krankenhaus, und seitdem waren – bis heute – weitere Krankenhauseinlieferungen nicht mehr notwendig.

Eine Diagnose zu stellen erwies sich als problematisch. Wenn auch auf der einen Seite klar war, dass sie eine schwere Abhängigkeit von psychotropen Substanzen aufwies, darunter Alkohol, Cannabis, Opiate und Halluzinogene, war es auf der anderen Seite schwierig, all die ungewöhnlichen Symptome, die Sophia an den Tag legte, damit zu erklären: Angstzustände, wiederholte Bewusstlosigkeit, Momente von „Trance", offensichtliche Halluzinationen, Alpträume, extremer sozialer Rückzug, Essstörungen (sie aß sehr wenig und immer das Gleiche – insbesondere Joghurt), dennoch war sie schwer übergewichtig, sie rauchte 50–60 Zigaretten am Tag und zeigte (wenn es möglich war, sie zu beobachten) ritualisierte Verhaltensweisen (zwanghaftes Waschen) und zeitweise auch selbstverletzendes Verhalten (Kratzen der Unterarme, bis tiefe Wunden entstanden waren). Erschwerend hinzu kam eine erstaunliche Resistenz gegenüber pharmakologischen Therapien, eine wahrscheinliche Hinterlassenschaft ihrer langen und schweren Drogenabhängigkeit.

Besonders eindrucksvoll waren die Momente, in denen sich ihr Bewusstseinszustand von einer Sekunde auf die andere veränderte und ein „dissoziativer Zustand" eintrat: Sophia „verlor den Kontakt" zum Gesprächspartner, sie schien augenblicklich in einen Traum mit offenen Augen zu verfallen, um dann, in der Regel, ganz das Bewusstsein zu verlieren. Manchmal stürzte sie zu Boden, andere Male stützte sie sich mit einer Schulter und einer Wange an der Wand ab und ließ sich dann schnell zu Boden gleiten (wobei sie durch die Abschürfungen, die sie sich auf diese Weise im Gesicht zuzog, oftmals eine Blutspur an der Wand zurückließ). Ihre Zustände der Bewusstlosigkeit hatten eine Dauer zwischen zehn Minuten und mehreren Stunden, oft traten diese viele Male am Tag ein, manchmal in kürzesten Abständen. Während dieser Krisen – und ohne aus dem veränderten Bewusstseinszustand zu erwachen – rollte sie sich manchmal mit einem Ausdruck größter Angst in einer Ecke zusammen, wobei sie ihren Kopf schützte und flehte: „Bitte, nicht schlagen", was an einen gewissen „Riccardo" gerichtet war, von dem zum damaligen Zeitpunkt niemand wusste, wer er war. Die Nennung seines Namens reichte jedoch aus, um bei Sophia eine neue Krise auszulösen. Ihr Zustand verhinderte eine adäquate und kontinuierliche Kontaktaufnahme und gab den Ärzten und den Pflegekräften, die sehr darum bemüht waren, dass sie sich nicht weh tat, ständig Anlass zur Besorgnis.

Bei den Gesprächen mit mir schien Sophia in der ersten Zeit (im besten Fall) äußerst unruhig zu sein. In der ersten, kurzen Zeit (in der sie noch nicht stationär behandelt wurde und ambulant in meine Praxis kam) stand sie unter Drogeneinfluss, wenn sie zu den Terminen erschien; sie versuchte auf diese Weise, sich etwas zu beruhigen, doch war das dem Gespräch nicht gerade zuträglich. Sie nahm in größtmöglichem Abstand zu mir Platz, jederzeit bereit, ihren Stuhl bis an die Wand zurück zu schieben oder aufzuspringen und sich in eine Ecke zu flüchten, wenn sie nur den Eindruck hatte, ich wolle mich ihr nähern (Sophia ist gut zehn Zentimeter größer als ich und wog zu diesem Zeitpunkt etwa einhundert Kilo; realistisch betrachtet konnte ich keine Bedrohung für sie darstellen). Sie fiel häufig in Ohnmacht und blieb dann für lange Zeit bewusstlos auf dem Boden liegen...

Während ihres letzten langen Krankenhausaufenthalts verbesserte sich unser Verhältnis und es war schließlich möglich, mit dem Sammeln biographischer Daten und wichtiger Erinnerungen zu beginnen, die zuvor nur sehr oberflächlich und auf noch unvollständigere Weise gewonnen werden konnten, so dass es unmöglich war, aus den verschiedenen winzigen Fragmenten das „Puzzle" ihres Lebens zusammenzusetzen. Um Missverständnisse zu vermeiden: diese Arbeit ist auch heute noch weit davon entfernt, abgeschlossen zu sein; doch ist das grobe Bild des „Puzzles" inzwischen klar erkennbar.

Sophia ist das jüngste von fünf Kindern, von denen der älteste ein Bruder ist (Caligula), auf den zwei Schwestern folgen (Portia und Cordelia) und dann wieder ein Bruder (Abel). Die Verhältnisse ihrer Familie, die in einer Kleinstadt in der deutschen Schweiz wohnt, sind in sozialer, wirtschaftlicher und kultureller Hinsicht bescheiden: der Vater ist Bahnangestellter, von schwachem Charakter und mit Hang zum Alkohol- und Zigarettenkonsum; die Mutter (deren Mutter starb, als sie sieben Jahre alt war) Hausfrau, in praktischen Dingen fleißig und effizient, auf emotionaler Ebene jedoch kalt und distanziert – ihre emotionalen Ressourcen waren mit den vier vorangegangenen Kindern wahrscheinlich bereits aufgebraucht. Sophia leidet darunter und sucht in den ersten Lebensjahren – ohne großen Erfolg – Wärme und Zuneigung, wo sie sie finden kann, bei der Mutter und (vielleicht noch mehr) beim Vater. Im Alter von acht Jahren wird sie zum ersten Mal Opfer sexueller Handlungen durch Caligula, 16 Jahre alt und gewalttätig sowie bereits dem Alkohol verfallen. Niemand scheint dies zu bemerken, Sophia gelingt es nicht, darüber zu sprechen sondern sie reagiert mit Rückzug, Isolation. In der Schule läuft es nicht gut, ihr Verhalten erscheint den Lehrern verdächtig, sie versuchen, mit den Eltern darüber zu reden, welche aber nicht zu verstehen scheinen. Nach einer Weile hört der Missbrauch auf, doch mit 12 Jahren findet sich Sophia erneut als Opfer wieder, diesmal des Vaters, der sie – betrunken – entjungfert und sie in der Folge weitere Male missbraucht (im Laufe der Therapie wird sich Sophia erinnern, dass die Mutter zu der Zeit vielleicht eine außereheliche Beziehung gehabt hat und dass sie den Vater höchstwahrscheinlich zurückwies).

Zu diesem Zeitpunkt zeigt Sophia schon ein deutlich anormales Verhalten: sie geht fast nicht mehr zur Schule, verbringt die meiste Zeit damit, Pferde in einem Gestüt zu versorgen und erhält im Gegenzug die Erlaubnis, eines dieser Pferde zu reiten, lernt einen um ein paar Jahre älteren Jungen kennen, der bereits drogensüchtig ist, und trifft sich regelmäßig mit ihm. Mit ihm beginnt sie, Rauschgift, Halluzinogene und Alkohol zu konsumieren. Er ist die einzige Person, von der sie sich halbwegs verstanden fühlt; doch eine Nacht fällt er (oder wirft er sich?) unter Drogeneinfluss in einen Fluss, der Hochwasser führt, und ertrinkt dabei. Sophia leidet unter dem Verlust und unter Schuldgefühlen, weil sie zum Zeitpunkt des Unglücks nicht bei ihrem Freund war.

Als sie 14 Jahre alt ist, beginnt Caligula erneut damit, sie zu missbrauchen; zu diesem Zeitpunkt leidet Sophia schon unter schweren Störungen, sie hat keinerlei Selbstwertgefühl mehr, keine Hoffnung; sie gilt als schwer erziehbar und wird als Bedienstete in ein von Nonnen geführtes Internat geschickt, wo sie jedoch nicht lange bleibt. Die strengen Vorschriften umgehend, stiehlt sie sich abends davon, um, wo immer es geht, Alkohol zu konsumieren, gemeinsam mit Zufallsbekanntschaften. Die Nonnen schicken sie zurück nach Hause und weisen die Eltern auf das „Risikoverhalten" des Mädchens hin; doch auch diesmal wieder scheinen die Eltern „nicht zu verstehen"… Sie beginnt eine neue Tätigkeit in einem Krankenhaus, wo sie einen jungen Deutschen kennenlernt, der einige Jahre älter ist als sie und mit dem sie zum ersten Mal einvernehmlichen Geschlechtsverkehr hat, der allerdings nur möglich ist, wenn sie betrunken ist oder unter Drogen steht. Nach einigen Monaten geht sie mit ihm weg, zuerst nach Stuttgart, dann nach Hamburg, wo er sie verlässt und einem „Freund" „abtritt", der sie für ein paar Monate in der Wohnung einsperrt, wo er sie misshandelt, missbraucht und zulässt, dass auch andere sie missbrauchen. Sophia ist mit ihren inzwischen 16 Jahren völlig von Drogen und Alkohol abhängig und lässt alles über sich ergehen, um an diese heranzukommen. Schließlich wird sie dem Inhaber eines Sado-Maso-Clubs übergeben (Riccardo), wo sie – zusammen mit anderen Mädchen – gezwungen wird, sich misshandeln und demütigen zu lassen, ohne etwas anderes dafür zu bekommen als Drogen und Alkohol. Das geht etwa zwei Jahre so. Schließlich gelingt es ihr, dieser Sklaverei zu entfliehen und nach Hause zurückzukehren, wo ihr die Mutter buchstäblich die Tür vor der Nase zumacht. Kurz darauf beginnt ein sehr langer Weg (insgesamt über zehn Jahre) durch verschiedene Heilanstalten, in denen neben der Abhängigkeit von psychotropen Substanzen, insbesondere von Alkohol, noch weitere Diagnosen gestellt werden, von Hysterie über Schizophrenie bis hin zu einer „Borderline"-Persönlichkeitsstörung. Dieser Weg führt sie durch psychiatrische Kliniken, therapeutische Wohngemeinschaften für Drogenabhängige, erneut psychiatrische Kliniken und zuletzt in eine Institution zur Heilung des Alkoholismus (der schwersten und hartnäckigsten Abhängigkeit), in der sie Jahre verbringt.

Hier begegne ich ihr zufällig bei einem nächtlichen Notfalldienst (doch hatte ich sie schon Jahre zuvor kennen gelernt), in einer Zeit, in der sie, neben ihrem gewöhnlichen Rückzugsverhalten und Misstrauen, schwere Krisen aufwies, die durch Angstzustände und Bewusstseinsstörungen gekennzeichnet waren. Sophia stimmt zu, in die von mir geleitete Abteilung zu kommen und bleibt dort – wie bereits erwähnt – insgesamt ein Jahr. Ich habe die Gelegenheit, ihren Zustand, ihr Verhalten, ihre emotionelle Verfassung aus der Nähe zu beobachten und sie kennen zu lernen.

Mit grosser Mühe und starkem Widerstand ruft Sofia ihre Geschichte ins Gedächtnis, einschließlich des schwierigen Kapitels der ersten Missbräuche durch Familienmitglieder.

In der Zwischenzeit hatte ich – flüchtige – Bekanntschaft mit den Eltern und Cordelia gemacht, die sich damals noch für sie interessierten, was auch für Portia zutraf (und weiterhin zutrifft), der einzigen Person aus der Familie, die in ihrer Nähe lebte und die Sophia nach ihrer Rückkehr aus Hamburg aufgenommen hatte. Die Mutter (und so auch der Vater, der, wie es schien, sehr viel schwächer war als seine Frau und von ihr abhängig) hatte kein Interesse an den Gründen für den Zustand ihrer Tochter gezeigt (oder an den dafür ursächlichen Situationen) und führte ihn auf deren Drogen- und Alkoholkonsum und ihre „Böswilligkeit“ zurück.

In dem Wunsch nach Verständnis entschied sich Sophia, mit ihren Eltern über die erlittenen Missbräuche zu sprechen.

Sie geht sehr behutsam vor, schreibt einen nüchternen Text, der keine Anklagen und Vorwürfe enthält und der die Übeltäter nicht beim Namen nennt, sondern mit dem sie nur erklärt, mit 14 Jahren Opfer von sexuellen Übergriffen geworden zu sein. Im Rahmen einer vorbereiteten Begegnung und in meinem Beisein (das ihr Halt gibt), liest sie diesen Text ihren Eltern vor. Der Vater erklärt sogleich, ihr Glauben zu schenken; die Mutter nicht. Ganz im Gegenteil: sie fügt noch hinzu, dass es wohl gerade „in Mode“ sei, alles mit Missbrauch zu erklären.

Nach dieser Begegnung nimmt die Familie (abgesehen von Portia) eine feindseligere Haltung ein. Abel ruft mich an, dann schreibt er mir, wobei er mir mit einer (absurden) Anzeige wegen Verleumdung droht... Der Kontakt zu den Eltern bricht ab; Cordelia stellt sich auf deren Seite. Alle brechen auch jeden Kontakt zu Portia und ihrer Familie ab. Nach einiger Zeit wandert Abel nach Kanada aus: er ist es nun, der „Abstand nimmt“, allerdings von der gesamten Familie. Caligula taucht kein einziges Mal auf, außer in den Alpträumen, in denen Sophia, auch dreißig Jahre danach, die erlittenen Aggressionen häufig erneut durchlebt.

Welche Bedeutung kann Sophias Fall für eine Emotionstheorie haben? Meiner Ansicht kann er auf mehreren Ebenen von Bedeutung sein.

Zunächst lohnt es sich vielleicht zu versuchen, die „Passionen", die Sophia zeigt, zu erkennen und aufzuführen. Die Offensichtlichsten sind erkennbar, auch ohne dass sie ein Wort darüber verliert (tatsächlich war sie zu Beginn der Behandlung sehr häufig nicht einmal in der Lage, zu sprechen; Sprachlosigkeit geht mit Gedankenlosigkeit einher – in diesem Fall fehlte die bewusste Anerkenntnis der emotionalen Erfahrung, die anfänglich namenlos bleibt).

Die vorherrschendste ihrer Passionen ist die *Furcht*, wahrscheinlich in allen Varianten, die seit Chrysippos beschrieben worden sind: *Angst, Sorge, Panik, Ängstlichkeit, Entsetzen*... In ihrem Fall nimmt die Furcht eine zentrale Stellung ein; und aus gutem Grund, wie man erkennt, nachdem ein Teil der Wechselfälle ihres Lebens offenbar wurden: von Klein auf hat sie weder Wärme, noch Schutz oder Sicherheit erfahren. Die Unsicherheit existiert nicht nur im Zusammenhang mit den Gefahren, den Boshaftigkeiten, die „die Welt" ihr bescheren kann; sie betrifft auch (und insbesondere) das Verhalten der ihr teuren Personen (da ihr die Familienmitglieder, mit Ausnahme von Caligula, immer lieb und teuer bleiben werden), Verhaltensweisen, die zeitweise von Übergriffen bestimmt waren, dann anscheinend wieder fürsorglich, dann wiederum gleichgültig... Abgesehen von widerstreitenden Gefühlen führt dies alles auch zu einem Zustand der Verwirrung, der sich als *kognitive Störung* äußert. Die Emotionen (Furcht und ihre Abwandlungen) sind zu stark und zu sehr von Faktoren abhängig, auf die Sophia keinen Einfluss nehmen kann, um ihr die Ressourcen (für Aufmerksamkeit, Konzentration, Verständnis) zu lassen, die notwendig wären, um die Situationen, in die sie gerät, zu „verstehen", sie einzuschätzen, zu bewerten (außer vielleicht mit „Reaktionsselektionen" im Sinne Damasios).

Die phylogenetisch archaische Furcht ist auch in ontogenetischer Hinsicht archaisch; in den ersten Lebensjahren dominierend (vielleicht nur in Form von Unsicherheit in affektiven Beziehungen), verschärft sie sich nach dem Trauma der ersten Missbräuche und behindert nicht nur die Entwicklung von kognitiven Fähigkeiten sondern auch die von weniger primitiven, differenzierteren Emotionen und von artikulierteren Verhaltensweisen als dem zwanghaften Rückgriff auf Drogen.

So schien es zu Beginn ihrer Krankenhausbehandlung, als sei Sophia geistig zurückgeblieben; doch noch augenfälliger als ein eventuelles geistiges Defizit ist die Monotonie ihrer Reaktionen, die Beschränktheit ihres Verhaltensrepertoires. Ihre Entscheidungen sind ganz offensichtlich von Furcht bestimmt: jeder Vorschlag wird meist vollständig abgelehnt, sei es eine abwechslungsreichere Ernährung oder eine Neuigkeit im Tagesprogramm.

Ein solchermaßen gestalteter emotional-kognitiver Fundus ist – und dies überrascht nicht – ursächlich für andere Emotionen „derselben Familie", wie beispielsweise *Argwohn, Misstrauen, Traurigkeit, Mutlosigkeit…*, aber auch für bestimmte Verhaltensweisen: die lange Reihe negativer Erfahrungen „erklärt" (eigentlich ist dies ja nur eine von mehreren möglichen Erklärungen; die Psyche – und nicht nur diese – ist immer komplizierter als die schematischen Erklärungen, die wir für sie geben) den Versuch der Kompensation mit Mitteln, die noch schlimmer sind als das ursprüngliche Übel, wie die Drogenabhängigkeit; sie erklärt auch die „schlechte Partnerwahl": in der Familie misshandelt und von Drogen und Alkohol betäubt ist Sophia wahrscheinlich nicht mehr in der Lage, den „somatischen Marker" deutlich zu spüren, der sich – nach Damasio – einschaltet und dem Gehirn „die richtige Entscheidung" signalisiert, womit er zur Ausbildung der Grundemotionen beiträgt.

Das Überwiegen von negativen Emotionen wird niemanden verwundern; vom „richtigen" Blickwinkel aus betrachtet könnten wir erkennen, dass bei den Verhaltensweisen Sophias der – laut Platon (und vielen anderen nach ihm) – am „wenigsten noble" Teil der Seele vorherrscht: der *begehrende*. Und tatsächlich ist das Suchtverhalten, das immer vom Verlangen nach dem Rauschmittel bestimmt ist, von einem Begehren gekennzeichnet, das niemals gestillt werden kann, das weder Ruhe noch Raum für etwas anderes lässt. Doch Sophias „orexis" ist nicht so sehr auf Drogen oder Alkohol gerichtet, als vielmehr auf die Fürsorge und die Liebe, die sie zu ihrer Zeit nicht bekommen hat. Sie selbst wird erkennen, dass ihre Zwangshandlung, die darin besteht, mehrmals am Tag für längere Zeit heiß zu baden, nicht nur mit dem andauernden Gefühl zusammen hängt, „dreckig zu sein“, sondern auch mit dem mindestens genauso beharrlichen Verlangen nach einer „wärmenden Umarmung“.

Der *vernünftige* Seelenteil ist, wie ich bereits angedeutet habe, gestört, gehemmt, hypoaktiv – aber nicht ausgelöscht. Mit dem Fortschreiten der Behandlung wird das Verlangen immer besser beherrscht, die Gedanken können langsam von der Vorherrschaft der Emotion (Furcht) befreit werden. Die früher aufgetretenen Krisen verschwinden, Erinnerungen kommen hoch und rufen logische Assoziationsketten hervor; Sophia beginnt „Ordnung zu machen“, was darin mündet, dass sie ihrer Geschichte „einen Sinn gibt“: sie ist nicht mehr nur eine Abfolge von Traumata, die „passieren und damit basta“, sondern eine Geschichte, die verständlich ist, die alles offenbart, was an Falschem passiert ist und die sie an den Punkt geführt hat, an dem sie heute ist. Mit dem allmählichen Fortschreiten dieser Arbeit werden Sophias Gedanken immer präziser, artikulierter, komplexer.

Manche (wie Sir Peter Medawar) würden in dieser Arbeit der Rekonstruktion der Lebensgeschichte vielleicht ausschließlich die Erfindung eines „persönlichen Mythos“ sehen, ohne jeden wissenschaftlichen noch, allgemein, epistemologischen Wert. Ich hingegen denke, dass es sich hierbei um ein Teil der unerlässlichen aber endlosen Arbeit des „sich selbst Kennenlernens“ handelt – einer Arbeit, die uns das Leben zu tun zwingt und die wir auf die eine oder andere Weise, besser oder schlechter, beabsichtigt oder unbeabsichtigt tun können; und, in diesem Fall, ist es eine Arbeit, die ziemlich gut getan wird.

Wenn Wissenschaft nur das ist, was in mathematischer Form ausgedrückt werden kann (dieser Auffassung waren – wie es scheint – Kant und Lord Kelvin, und sicherlich noch viele mehr), handelt es sich dabei nicht um wissenschaftliche Arbeit. Der Meinung bin auch ich (wenn ich auch nicht glaube, dass nur das wissenschaftlich ist, was auf mathematische Weise ausgedrückt werden kann). Doch ist dies ausreichend, um ihr jeden authentischen Erkenntniswert abzusprechen? Wie gesagt, wird aus dem Einzelfall noch keine Wissenschaft, und somit kann nichts, was auf ein bestimmtes Individuum Bezug nimmt, als wissenschaftliche Erkenntnis gelten. Nicht einmal das „cogito ergo sum", müsste man hier sagen. Doch sollten wir es vermeiden, zu weit von unserem Thema abzuschweifen.

Und was ist – so frage ich mich „der Vollständigkeit halber" – mit dem *muthaften, aufbegehrenden* Teil? Auf den ersten Blick scheint er vollkommen zu fehlen. Sophia „erleidet" in erster Linie, oder sie „nimmt hin". In ihrem Fall scheint der Terminus „passio" genauso richtig zu sein wie der der „Emotion". Wenn der Körper bei ihr „Schauplatz" der Emotionen ist (und sie zeigen sich dort, in Ermangelung einer logisch-verbalen Ausdrucksmöglichkeit wie zu Beginn der Behandlung, mit extremer Heftigkeit, so heftig, dass sie das Bewusstsein für lange Momente außer Kraft setzen), die den Gesprächspartner, der in solchen Momenten zum reinen Zuschauer gemacht wird, „bewegen" (sein Mitgefühl wecken), so leidet in diesem Moment sowohl der Körper als auch die Psyche (Gehirn-Geist, wie Damasio wahrscheinlich sagen würde), ein Leiden, das von den traumatischen „mentalen Bildern" hervorgerufen wird, die immer wieder und in extremer Lebendigkeit von den „Vorstellungsbildern" (um weiter mit Damasio zu sprechen) reaktiviert werden. Sophia durchlebt während ihrer dissoziativen Krisen ihre Traumata erneut, was sie als „Flashbacks" bezeichnet (die aber nicht den durch Konsum von Halluzinogenen wie LSD ausgelösten Flashbacks entsprechen). Der muthafte, aufbegehrende Teil fehlt also offensichtlich. In Wirklichkeit erbost sich Sophia, in dieser Phase ihrer Geschichte, über irgendwelche „Nebenfiguren", die die Funktion eines Sündenbocks haben (z.B. über einen unfähigen Arzt, dem sie während einem ihrer zahlreichen Krankenhausaufenthalte begegnet ist) und insbesondere über sich selbst, die sich selbst anklagt, der Grund für alles zu sein, weil sie, als Kind, zu verschmust gewesen sei und somit den Vater (jedoch nicht Caligula!) provoziert habe; Sophia, die unter anhaltenden *Schuldgefühlen* leidet, wird dahin kommen, ihre Geschichte als Selbstbestrafung für dieses „Vergehen" zu entschlüsseln.

Nach und nach beginnt sich der aufbegehrende Teil also zu manifestieren, und auf heftige Weise, sobald die schlimmsten Erinnerungen mit einem Gesprächspartner geteilt werden. Zuerst erscheint der

Hass auf Riccardo (von ihr mehrere Male bestätigt), dann der, gleichsam anhaltende, Hass auf Caligula. Darauf folgen *Wut* und *Groll* gegenüber den Eltern, die jedoch gleichzeitig vom Hass verschont bleiben. Obwohl Sophia sie scharf verurteilt (insbesondere die Mutter, als sie zu der Überzeugung gelangt, dass es „nicht sein kann, dass sie nicht wusste", dass der Vater sie missbrauchte), lehnt sie die Eltern nicht ab und gibt bis heute (nach verschiedenen Versuchen, die alle dramatisch scheiterten) die schwache *Hoffnung* nicht auf, mit ihnen wieder ein normaleres Verhältnis finden zu können. Gegenüber Cordelia zeigt sie eine Mischung aus *Ungläubigkeit*, Wut und Vorwürfen, aber auch *Nachsicht und Mitleid* (sie ist verwitwet...); gegenüber Abel zeigt sie sehr viel Nachsicht, eine gewisse *Zärtlichkeit* und sogar ein wenig *Stolz* (weil er in Kanada eine Leitungsposition in einem Unternehmen übernommen hat).

Eine weitere Emotion-„passio" ist in der gesamten Geschichte von beachtlicher Bedeutung: die *Scham.* Diese tritt insbesondere zutage, wenn sich Sophia an das erinnert, was sie in Hamburg ertragen musste. Welchem Seelenteil ist sie zuzurechnen?

Schließlich sollen auch noch die (in diesem Kontext vielleicht weniger wichtigen?) positiven Emotionen Erwähnung finden. Diese sind nicht vernichtet worden: Sophia ist in der Lage, *Freude* zu empfinden, wenn sie eine bestimmte Lektüre liest, bestimmte Musik hört oder bestimmte Filme sieht (doch sobald eine Szene auch nur ansatzweise erotisch wird, kann sie diese nicht weiter anschauen: schon die Betrachtung eines sich küssenden Paares ruft *Abscheu* in ihr hervor). Positive Emotionen hat sie auch im Zusammenhang mit der Festigung ihrer Beziehung zu Portia, zu deren Mann und zu den jugendlichen Kindern der beiden, ihrer Nichte und ihrem Neffen. Mit ihnen allen entwickelt sie eine enge, von *Vertrauen* und Zärtlichkeit geprägte Beziehung, die von Sensibilität, *Großmut* und *Selbstlosigkeit* zeugt, und die beweist, dass all die traurigen Wechselfälle ihres Lebens ihre Fähigkeit zu lieben nicht ausgelöscht haben.

Schlussfolgerung

Emotionen sind, wie meines Erachtens durch das bisher Dargelegte gezeigt werden konnte, keine Besonderheit des Homo sapiens. Sobald ein Nervensystem vorhanden ist, und sei es auch noch so einfach, lassen sich Spuren von Emotionen auch in weniger komplexen Organismen finden. Ihr wesentlicher Ausdruck ist die Bewegung, und dies steht im Einklang mit einem Modell, das ihre Funktion und Phylogenese berücksichtigt: ein rudimentärer Organismus kann zwar mit sensorischen und motorischen Nervenzellen ausgestattet sein, verfügt jedoch nicht über ein Nervensystem, das komplexere, über den einfachen „Reflexbogen" hinausgehende Vorgänge gestattet: Die Aplysia verfügt nur über wenige Nervenzellen; Fische (und Amphibien) haben keine graue Substanz…

Offensichtlich lassen sich die Reaktionen dieser Organismen nur sehr eingeschränkt mit denen des Menschen vergleichen; es ist jedoch (seit Darwin) sehr gut dokumentiert worden, dass höhere Tiere, insbesondere Säugetiere (und bei diesen „in primis" die Menschenaffen) zumindest manche „Emotionen" spüren und mitteilen, die denen des Menschen nahekommen, mit diesen verwandt und vielleicht homolog sind.

Bei Emotionen kann die Bewegung dem „Startle" entsprechen – einer Form von unbestimmter motorischer Reaktion ohne eindeutigen semantischen Wert – wie es eine Geste von kulturell festgelegter, unmissverständlicher Bedeutung sein kann; sie kann jedoch (und ist es zuallererst auch) auch eine viszerale Bewegung sein. Der Mensch kann, von Natur aus oder durch Aneignung, seine somatisch-motorischen Reaktionen beherrschen, doch gelingt es ihm nicht ganz so gut (wahrscheinlich eher gar nicht, so sehr er auch zu dissimulieren versucht), seine „viszeralen", mit dem autonomen Nervensystem und dem endokrinen System (und, wahrscheinlich, auch mit dem Immunsystem) zusammenhängenden Reaktionen zu unterdrücken. Wenn sich also eine unkontrollierte Anwandlung von Wut in einem Angriff äußern kann (und damit in einem motorisch relativ komplexen Verhalten) und die gleiche Anwandlung, wenn sie kontrolliert wird, das Subjekt äußerlich unbewegt lassen kann, so lassen sich die viszeralen Reaktionen jedoch nicht unterdrücken: die Herzschlagfrequenz erhöht sich, der Blutdruck steigt, die Pupillen weiten sich... Und wenn uns eine Regung wie Rührung oder Traurigkeit unvermittelt überfällt, können wir die Aktivierung der Tränendrüsen schwerlich in Gänze unterdrücken, so sehr wir uns auch anstrengen, unsere Mimik zu beherrschen.

Emotionen haben *Signalwirkung*, und diese ist meist sehr deutlich. So hat Darwin Versuchspersonen Photographien vorgelegt, auf denen Gesichter mit einem bestimmten Emotionsausdruck zu sehen waren. Der größte Teil der Personen – wenn nicht gar alle – erkannten die dazugehörige Emotion sofort. Auch D. Goleman zitiert (in „Emotional Intelligence“, 1995) Studien, in denen dieses Verfahren zum Einsatz kam. Führen wir uns dann noch die Schwierigkeiten vor Augen, die „Psychopathen“ beim Erkennen von emotionalen Gesichtsausdrücken haben (Blair, J. et al. 2005), so müssen wir uns fragen, ob nicht eben diese Ausdrücke (zumindest beim Menschen) das charakteristische Merkmal der Emotion im eigentlichen Sinne darstellen, ohne damit abstreiten zu wollen, dass Emotionen noch weitere Komponenten haben, die kognitiver und, insbesondere, bewertender Art sind: der mimische/körperliche Ausdruck ist das kommunikative, intersubjektive Element der Emotion. Die Tatsache, dass die „Passionen“, denen schon seit der Antike am meisten Beachtung geschenkt wurde und zu denen beispielsweise die Furcht und die Wut gehören (Aristoteles, Seneca...), eine starke körperliche Komponente haben, scheint mir zu bestätigen, dass der mimische/körperliche Ausdruck als wesentliche Komponente der Emotionen erkannt worden war. Die imaginativen, kognitiven, rationalen, bewertenden Aspekte sind hingegen bei vielen mentalen Manifestationen präsent (und vorherrschend), und können daher nicht als „diagnostisches Kriterium“ für die Emotion gelten.

Der körperliche und insbesondere der mimische Ausdruck geben der Emotion *Sichtbarkeit* und *„Wiedererkennbarkeit"*, so dass ihnen ein Signalwert zukommt, ein Wert für die intersubjektive und, in Grenzfällen, die mit entsprechender Vorsicht zu bewerten sind, für die interspezifische Kommunikation (wie gesagt erkannte Darwin – und nach ihm die Ethologen – Emotionen bei den Tieren, die er beobachtete oder beobachten ließ). Man könnte daher argumentieren, dass Empfindungen (die rational, mit Hilfe von Worten, kommuniziert werden können) „privat" bleiben können (jedoch nicht müssen), während Emotionen nicht dazu bestimmt sind, „privat" zu bleiben, wenn sie im Beisein von Beobachtern gelebt werden, die weder blind noch Psychopathen sind. Zu ihrer Übermittlung ist mehr erforderlich als die schlichte und einfache rationale Beschreibung; sie werden vielmehr (und daher rührt auch die Bedeutung, die ihnen von Aristoteles in seiner „Rhetorik" beigemessen wird) durch somatische Elemente wie Klangfarbe und Intonation der Stimme, Gestik und Mimik mitgeteilt („Si vis me flere, dolendum est primum ipsi tibi", riet Horaz).

Emotionen haben also Signalwirkung. Sie haben Signalwirkung für uns und für unsere Artgenossen, und das hat sie vielleicht erst so problematisch gemacht. Können sie doch Informationen preisgeben, die wir lieber verheimlicht hätten, die unsere Schwachpunkte verraten. Wenn es auch hilfreich ist, wenn wir selber über sie Bescheid wissen – um entsprechend handeln und leidvolle Situationen vermeiden zu können – so ist es doch weniger hilfreich, wenn ein Fremder, dem wir nicht immer vertrauen können, unsere Verwundbarkeit kennt. Dennoch haben Emotionen auch in sozialer Hinsicht einen äußerst wichtigen Signalwert. Einige Emotionen des Menschen haben nur einen Sinn, wenn sie gemeinschaftlich gelebt werden; sie können nicht existieren, wenn sie nicht geteilt werden: der Fußballfan im Stadion beispielsweise vereint auf besondere Weise eine Reihe möglicher Emotionen in sich, die vom Verlauf der Begegnung und von den „Vorsängern" aktiviert werden: Verlangen, Aggressivität, Freude, Wut, Enttäuschung, Schande, Verachtung…; die orgiastische Besessenheit der Bacchantinnen – aber auch die Exaltiertheit von „Rave-Partys" –

haben bei einer Einzelperson keinen Sinn. Etwas Ähnliches geschieht wahrscheinlich, wenn bei bestimmten Veranstaltungen „Enthusiasmus“ ausbricht, wie etwa bei den von Diktatoren initiierten Massenaufmärschen oder bei Rockstar-Konzerten.

Wir haben gesehen, dass die „Grundpassionen“ (mal ganz unabhängig davon, welche und wie viele es für die verschiedenen Autoren sind) immer wieder als Gegensatzpaare auftreten: „Freude“ und „Schmerz“, „Lust“ und „Unlust“, „laetitia“ und „tristitia“, usw. Doch haben wir ebenfalls gesehen, dass zwischen den beiden Extremen dieser Gegensätze ein „continuum“ von Schattierungen existiert, aus denen sich die von einem ausreichend sensiblen menschlichen Wesen erfahrbaren psychologischen Situationen zusammensetzen, die jedoch nicht dergestalt sind, dass sie als Emotionen bezeichnet werden können, wenn das Kriterium der Bewegung weiterhin ein unabdingbares bleibt und wenn auf die „auffällige Bewegung“ nicht verzichtet werden soll, die Cicero, Hobbes, Spinoza und Wolff (ohne weitere Erläuterungen) zur Voraussetzung machen, wenn sie sie als „vehementior“ bezeichnen – da in diesem Fall, wie schon gesagt, jeder biologische, „physische“ oder „mentale“ Prozess, der eine endlose Anzahl von unmerklichen Bewegungen mit sich bringt, zur Emotion würde.

Des Weiteren haben wir gesehen, zu welch langen Auflistungen von „Passionen“ man gelangen kann, wenn man von den wenigen als Grundpassionen erkannten ausgeht, seien es dieser nun vier (Stoiker), sechs (Descartes, Ekman), elf (Thomas von Aquin) oder sonst wie viele.

Wenn man, um auf die „experimentelle Methode“ zurückzugreifen, eine solche Auflistung einer ausreichenden Anzahl von „normalen“ Personen (insbesondere ohne philosophische Vorbildung) vorlegte, wie viele „Passionen“ würden übereinstimmend als „Emotionen“ erkannt werden? Ich denke hier z. B. an „Eifer“ oder an „Freundschaft“, die üblicherweise eher mit „Tugend“ oder „Gefühl“ in Verbindung gebracht werden; oder an „Kleinmut“ oder „Neid“, die vielleicht eher als „Fehler“ oder „Laster“ zu klassifizieren wären; oder aber an „κατάπληξις“, „γόος“ oder „προσπάθεια“, bei denen wahrscheinlich der größte Teil der Befragten Mühe hätte, sie zu erkennen und richtig auszulegen (ein Problem, das, wie C. Newmark anmerkt, sich schon vor Jahrhunderten gestellt hat, wenn es stimmt, dass für eine Anzahl der von den Stoikern identifizierten und von Pseudo-Andronikos aufgelisteten „Passionen" keine lateinische Übersetzung gefunden werden konnte – Newmark, op. cit., S. 61).

Emotionen können in unendlich vielen Variationen auftreten. Wie gesehen haben Philosophen und Psychologen nach den grundlegenden Emotionen geforscht, von denen sie eine mehr oder weniger große, immer aber beschränkte Zahl festgestellt haben. Doch die „abgeleiteten" Emotionen (zweiten Grades), oder die „kombinierten" (Mischungen von verschiedenen der elementarsten Emotionen – „blends", „mixed states" – um mit Ekman zu sprechen) stellen eine sehr viel umfangreichere Sammlung dar; ich denke zudem, dass jede „emotional aktive" Situation bestimmte Qualitäten der Emotion bestimmt, die durch sie hervorgerufen wird: die Freude, die ich – einmal angenommen – wegen Sophias Fortschritten empfinde, ist nicht die Freude, die ich – angenommen – beim Abschluss dieser Arbeit empfinde; der Zorn, den ich empfinde, weil mich der Knallfrosch eines kleinen Jungens erschreckt hat, ist nicht der Zorn, der durch die ungerechtfertigten Anschuldigungen eines Kollegen hervorgerufen wird.

Und hier kommt der bewertende Anteil der Emotionen ins Spiel. Es ist höchstwahrscheinlich dieser Anteil, der die menschlichen Emotionen (und, vielleicht, die der Menschenaffen) von denen der einfachsten Organismen unterscheidet. Doch ist der bewertende Anteil nicht „das Wesentliche" der Emotion; er ist allenfalls eine Zutat (wenn man ihn nicht gar mit der „Reaktionsselektion" gleichsetzt). Man muss sich jedoch fragen, ob er – zumindest beim Menschen – nicht zentral geworden ist. Damasio hat zu dieser Frage eine Antwort geliefert. Der bewertende Aspekt ist vorhanden; doch besteht, wie schon gesagt, zwischen diesem und einem wirklichen Urteil – meiner Ansicht nach – ein erheblicher Unterschied.

Die motorische Reaktion, der Signalwert, die Vielfältigkeit und der bewertende Aspekt bestimmen den emotionalen Fundus und das Verhalten des einzelnen Individuums, ob alleine oder in der Gruppe.

Doch sind diese Faktoren nicht unabhängig von anderen, wie den rationalen Fähigkeiten, der Intelligenz und dem Gedächtnis. Ohne Gedächtnis wäre jede frühere emotionale Erfahrung dazu bestimmt, keinerlei Spuren zu hinterlassen und sich damit immer wieder auf gleiche Weise zu wiederholen (nur dem Alterungsprozess des Organismus' unterworfen, der zu einem emotionalen Wandel führen könnte, ohne dass sich das Subjekt dessen bewusst wäre); ohne Intelligenz würde der bewertende Aspekt auf seinem primitivsten Niveau verharren, unfähig sich der wachsenden Komplexität eines Problems, das nur durch Reflexion erkannt werden kann, angemessen anzupassen. Wenn sich bei einem – auch nur leicht – mental zurückgebliebenen Patienten zum intellektuellen Defizit in der Regel auch noch emotionale Reaktionen gesellen, die impulsiv, unbesonnen, „dumm" sind, so können die Emotionen bei normal begabten Personen zu sehr unterschiedlichen Verhaltensweisen führen.

Joannas intellektuelles Niveau (ich bin mir der Schwierigkeiten dieses Begriffs bewusst und beziehe mich auf das Niveau, das mit den üblicherweise zu diesem Zweck verwendeten Tests gemessen wird) ist durchschnittlich; in bestimmten Bereichen sogar überdurchschnittlich, in anderen hingegen unterdurchschnittlich; Margherita verfügt über ein hohes intellektuelles Niveau, das klinisch gesehen über dem des Durchschnitts liegt. Worin liegt der enorme Unterschied begründet, der zwischen ihren Voraussetzungen und ihrer Art, Probleme anzugehen, besteht? Margherita hat keine stoische Erziehung erfahren, die sie dazu gebracht haben könnte, sich zu beherrschen, wie sie es Jahrzehnte lang getan hat, doch hat sie „das Leben" dahin gebracht, zu verstehen, dass – in der perversen intrafamiliären Beziehungssituation – ihr Überleben (oder zumindest der in diesem Zusammenhang bestmögliche Erhalt ihrer psychischen Gesundheit) vom Abtöten eines jeglichen Schmerzes abhängig war, von der Anpassung an die Situation und davon, gute Miene zum bösen Spiel zu machen, von der „Identifikation mit dem Aggressor" und, in gewissem Sinne, davon, immer besser (also immer perverser) als dieser zu sein – bis zu dem Punkt, an dem sie der (tatsächliche und wahrhafte) Tod der Schwester zu einer „kathartischen Krise" führte. Ihre starken Emotionen sind über Jahre beherrscht, gemäßigt, adaptiert, transformiert worden, um akzeptabel zu sein; teilweise sind sie verfälscht worden und haben zu der Empfindung eines „falschen Lebens“ geführt.

Joanna hingegen „agiert“ die Emotionen auf impulsive, unkritische Weise aus. Der Sexualtrieb treibt sie z. B. zu promisken Beziehungen; die Angst dazu, in destruktiven Gelegenheitsbekanntschaften und, insbesondere, im Drogenkonsum Abhilfe zu suchen. Der auf diese Weise erreichte Effekt der „Entladung“ der momentanen Anspannung bringt sie nicht dazu, alternative Strategien zu suchen; es wird weder eine reflexive Funktion entwickelt, noch die Fähigkeit, die Befriedigung des Bedürfnisses aufzuschieben (oder es zu ertragen). Und wer auch immer ihr diese Befriedigung versagt oder sie verzögert ist „ein Feind“. Johannas Welt ist auf gefährliche Weise in „Freunde“ (in Wirklichkeit eher „Komplizen“) und „Feinde“ (in Wirklichkeit meist „pädagogische“ oder „therapeutische“ Gestalten) geteilt, wobei die Zugehörigkeit äußerst schnell und manchmal vollkommen unvorhergesehen wechseln kann. In ihrem Fall könnte das stoische Ideal als anzustrebendes, wenn nicht erreichbares Ideal betrachtet werden. Doch das einfache „Beherrschen“ (oder Ersticken) der Emotionen würde es uns nicht gestatten, ihren Sinn zu verstehen, der neben (betrachtet man die „extremen“ Ausdrucksmodalitäten) der Biologie (die Organisation des zentralen Nervensystems zur mehr oder weniger angemessenen Verarbeitung von Reizen, darunter auch emotionalen Reizen, kann durch genetische und evolutionäre Faktoren determiniert sein) auch in der Biographie verankert ist. Weder kann noch muss die Sinnsuche Erklärungen für alle emotionalen Manifestationen liefern, von denen, bei uns allen, der größte Teil „selbstgenügsam“ (d. h. er liefert seinen Daseinsgrund selbst) oder selbstverständlich (d. h. er verlangt keine Erklärungen) ist. Der Sinn muss dann gesucht werden, wenn – wie bei Joanna – der Signalwert und der bewertende Anteil der (darüber hinaus zu nachdrücklich und ohne Mäßigung, auf rohe und monotone Weise) zum Ausdruck gebrachten Emotionen weder von ihr noch von den Gesprächspartnern erkannt werden (oder nur auf sehr eingeschränkte Weise), was zur Verhinderung einer korrekten Kommunikation und zur Ausgrenzung von Joanna führt, wodurch es zu einer Zuspitzung der destruktiven Emotionen kommt, die bei ihr offensichtlich vorherrschen, und wodurch der (auch der Realität entsprechende) Eindruck eines „verfehlten Lebens“ vermittelt wird („mala vita“).

Nun ist der Sinn (in Fällen wie diesem) nicht offensichtlich. Man entdeckt ihn erst, indem man erforscht, was im Laufe einer oftmals längeren Zeit, wie im Falle von Sophia, aus den Schichten des Unbewussten auftaucht, in dem eine Unmenge biografischen/mnemonischen Materials und eine nicht weniger immense Menge von kognitiven und biologischen Prozessen miteinander interagieren. Was da ins Bewusstsein kommt, kann nur sehr schwerlich als „historische Wahrheit“ betrachtet werden; alles ist bereits bearbeitet, angepasst; doch vielleicht liegt der Sinn dieser „Bergungsarbeit“ nicht so sehr in der Sicherstellung von Tatsachen als vielmehr in der Adaptation des Organismus und seiner „Anteile“ (in diesem Fall insbesondere die destruktiven Emotionen, da sie für ihn am schädlichsten sind) an das Leben; hierzu gehört implizit auch das Erkennen des „conatus“ als Streben des Organismus, sich selbst zu erhalten – zunächst auf ineffektive, kontraproduktive Weise, und dann – wenn alles gut geht – auf weniger anstrengende, weniger schmerzhafte und „wirtschaftlichere“ Weise.

Wenn Emotionen „Arten der Lust und Unlust“ sind (eine treffende aber unvollständige Definition), so geben sie deshalb noch keinen Hinweis darauf, welche Lust für den Organismus richtig oder günstig ist. Sich mit Kokain zu vergiften scheint ein äußerst intensives (wenn auch kurzes) Vergnügen zu sein; deshalb entspricht es noch lange nicht den Zielen des „conatus“; auch die eigene Aggressivität bei einer Schlägerei abzureagieren (es gibt Jugendbanden, die solche „ad hoc“ organisieren) kann lustvoll (?) sein, solange man ohne großen Schaden davonkommt und wenn man es weder schafft, das eigene Maß an Aggressivität zu ertragen, noch andere Ventile dafür zu finden. Es könnten noch weitere Beispiele angeführt werden. Lockes Modell der „Arten von Lust und Unlust“, Kants „Gefühl von Lust und Unlust“ oder Freuds „Lustprinzip“ helfen uns zu verstehen, warum sich Verhaltensweisen manifestieren, die bestimmte Emotionen implizieren, doch liefern sie keine moralische Bewertung für diese. Die moralische Bewertung von Emotionen ist ein überaus kompliziertes Problem; ich denke nicht, dass es für jede Emotion, egal wie negativ sie erscheinen mag (z.B. Hass), nur eine richtige Antwort gibt. Diese wird, mehr als von jedem anderen Aspekt, von den Umständen bestimmt, in denen die Emotion bei einem bestimmten Subjekt auftritt. Damit will ich nicht sagen, dass wenn eine bestimmte Emotion in einem bestimmten Moment der Absicht eines Subjekts nach „gut" ist, diese es dann auch ist. Sondern dass bei der Bewertung von Emotionen zu viele Faktoren ins Spiel kommen, darunter auch die kulturellen, als dass eine für alle Fälle überzeugende Antwort gefunden werden könnte, die nicht – „et encore"! – normativer, rechtlicher, konventioneller Art wäre.

Der psychobiologische Charakter der Emotionen ist durch die Wirkung von Psychopharmaka „ad abundantiam" gesichert. Durch ihre Wirkung auf neurochemische Prozesse können diese das Gefühlsleben effektiv, manchmal sogar drastisch beeinflussen. Das bekannteste Beispiel hierfür sind die Anxiolytika, die Ängste, Erregungszustände und Panik lindern (manchmal sogar völlig beseitigen) – ganz unabhängig von den momentanen Ursachen; weniger offensichtlich – aber genauso unzweifelhaft (ungeachtet jüngster Publikationen, die auf das Gegenteil hindeuten) – ist die Wirkung der sogenannten Antidepressiva auf Emotionen wie, abgesehen von Angst, beispielsweise grundlose Traurigkeit, Lustlosigkeit, Verlust des „Élan vital" (der, für sich genommen, keine Emotion ist: das Erlöschen des „conatus" führt zur Ausschaltung einer jeden Möglichkeit, Emotionen zu empfinden). In der Tat sind schwere Depressionen manchmal durch eine tiefe – jedoch unerwünschte! – Apathie gekennzeichnet, dem sogenannten „Gefühl der Gefühllosigkeit". Es gibt keinen Zweifel daran, dass die Entdeckung der Psychopharmaka (die schon sehr weit zurückreicht, wenn man beispielsweise den Saft des Mohns, Alkohol und andere Phytopharmaka dazu zählt) bei der Annäherung an das Gefühlsleben besondere und komplexe Probleme aufwirft; ihr klinischer Einsatz macht die Frage nach dem „Niveau" von Emotionen deutlich, die angenehm sein können (manchmal jedoch, wie in manischen

Zuständen, auch exzessiv) oder unangenehm bis zur Unerträglichkeit (wie die chronische Angst oder die unheilbare Depression, die im Suizid münden können).

Die Introspektion, und mehr noch vielleicht die aufmerksame und länger währende Beobachtung unserer Mitmenschen (hier ist die methodische, klinische Beobachtung gemeint), ermöglicht es uns, die enge Verbindung zu offenbaren, die zwischen Emotion und Kognition besteht, auch ohne dabei auf die Techniken und Untersuchungen der Neurowissenschaften zurückgreifen zu müssen. Wir wissen alle aus eigener Erfahrung, dass uns, wenn wir uns in den Fängen einer starken Emotion befinden, der „Rest" nicht mehr so interessiert, wie er uns interessieren würde, wenn wir uns in unserem gewöhnlichen Zustand befänden; die Aufmerksamkeit für den „Rest" sinkt, die Konzentration ist auf die Ursache der Emotion gerichtet und wird von anderen Problemen abgewendet, mit denen wir uns nicht weiter beschäftigen, wodurch jede Werteskala eine Veränderung erfährt; auch das Gedächtnis ist betroffen: wir erinnern uns leichter an das, was – in irgend einer Weise – mit einer Emotion verknüpft ist, vorausgesetzt, die Erinnerung und die damit zusammenhängende Emotion sind nicht dermaßen unangenehm, dass es – wie bei Sophia – notwendig wird, sie mit Hilfe dissoziativer Episoden aus dem Bewusstsein zu streichen.

Diese Interaktion ist befruchtend, aus der Integration von emotionalem Reiz und kognitiven Fähigkeiten entsteht die für das seelische Gleichgewicht und die Gemütsruhe unerlässliche „emotionale Intelligenz".

Das wahre Problem besteht definitiv nicht in der „Präsenz" von „Passionen" der oder in der Seele. Wie wir gesehen haben, sind die Passionen wesentlicher Bestandteil der Seele und mehr oder weniger direkt an jeder Manifestation des Seelenlebens beteiligt; sie nehmen Einfluss auf das Urteilsvermögen, auf die Gedanken, auf die Vorstellungskraft, auf die Kreativität usw. Es verwundert mich, dass Chrysippos und die Stoiker, die auf scharfsinnige Weise eine Reihe von Passionen identifiziert haben, nicht verstanden, dass durch deren „Ausrottung" von der Psyche nicht viel übrig geblieben wäre:

entspräche der stoische Weise – die frei ist von Furcht, Schmerz, Begehren, Freude… – vielleicht nicht eher einer Art Mechanismus, ähnlich dem, um eine Metapher zu gebrauchen, eines Computers, der meisterhaft Schach spielt, stets die richtige Wahl trifft (und den richtigen Zug macht) und immer gewinnt, doch weder jemals Anspannung empfindet, noch Sorge, noch Neugier auf den nächsten Zug des Gegners, noch Zufriedenheit mit einem eigenen, noch Freude über den Sieg? Das erinnert mich an einen ähnlichen Spieler (einen ähnlichen Weisen), der im „Siebten Siegel" von I. Bergman immer gewinnt – der Tod (es scheint, als habe Chrysippos einen ähnlichen Gedanken gehabt, wenn er schreibt [448 Diog. Laert. VII, 117]:

> φασὶ δὲ καὶ ἀπαθῆ εἶναι τὸν σοφὸν.... εἶναι δὲ καὶ ἄλλον ἀπαθῆ, τὸν φαῦλον...).
>
> Sie sagen, der Weise sei unerschütterlich.... Es gibt eine andere Art, unerschütterlich zu sein, die des Törichten…

Weit davon entfernt, eliminiert werden zu können, vervielfachen die „Passionen" sich mit der Entwicklung des ZNS und differenzieren sich immer weiter aus. Sie verlaufen somit parallel zur biologischen Evolution und es kann nicht einmal ausgeschlossen werden, dass sie, durch irgendeinen Mechanismus, einer ihrer „Wachstumsfaktoren" sind. Ihre Ausdifferenzierung und ihre Vielfalt ermöglichen es dem Menschen, in Abhängigkeit von seiner biologischen Konstitution und von biographischen Ereignissen, eine potenziell unendliche Palette emotionaler Erfahrungen kennen zu lernen, sich selbst und die Welt auf einzigartige Weise zu erleben und zu interpretieren. In diesem Sinn bilden sie – insbesondere sofern und soweit sie einen bewertenden Anteil besitzen – die Grundlage für die Subjektivität und auch für die Freiheit (für die Erfahrung von Freiheit und für das Erlebnis, „frei zu sein", ohne die Freiheit, egal welcher Art, und selbst wenn sie rechtlich oder politisch garantiert wird, nicht existieren kann) des Menschen.

Wenn überhaupt, so entsteht das Problem mit den Emotionen erst dann, wenn sich eine oder mehrere von diesen behaupten und die Person letztlich beherrschen, wie wir es im Falle von Sophia gesehen haben, die zu Beginn von allen möglichen Formen der Furcht beherrscht worden ist, und wie es bei vielen pathologischen Manifestationen des Seelenlebens geschehen kann.

Doch, wie die Behandlung von Sophia zu zeigen vermag, wird dem nicht durch Unterdrückung der „beherrschenden Passion“ Abhilfe geschaffen, sondern vielmehr durch die Schaffung eines mentalen Raums, in dem sich auch alternative und korrigierende Emotionen entwickeln können (auch wenn die Arbeit in diesen Fällen sehr viel schwieriger ist, als es sich Descartes, Spinoza und andere naiverweise vorzustellen scheinen, wenn sie vorschlagen, eine Passion dadurch zu bekämpfen, dass man Passionen zu entwickeln versucht, die dieser entgegengesetzt sind).

Summa summarum

Zum Abschluss dieser Arbeit möchte ich noch ein Referenzwörterbuch zitieren: das „Oxford Companion to the Mind“, 1987, welches das Problem der Emotionen mit den folgenden Worten umreißt:

> Emotion is a topic that, more than any other, has bedevilled students of mental life. The peculiar characteristics of emotional behaviour and experience have been repeated stumbling-blocks in the attempt to see human nature as rational, intelligent and even sublime.

An dieser Stelle muss ich zugeben, dass die alleinige Lektüre von „Thinking about feelings“ nicht wesentlich dazu beigetragen hat, mir Klarheit zu verschaffen; die gesamte vorliegende Arbeit hat mir hingegen bewiesen, wie sehr den „Oxford Companion“ doch Recht hat; und Recht hatte, so denke ich, auch William James, als er die Philosophie als „an unusually stubborn (und hier würde ich hinzufügen: yet sometimes unsatisfactory) effort to think clearly“ bezeichnete; eine Anstrengung, die das Thema „Emotionen“ auch weiterhin verlangen wird.

Bibliographie

AA. VV. *Enciclopedia Garzanti di filosofia,* Garzanti, Milano, 1981.
Abbagnano, N., *Dizionario di filosofia*, UTET, Torino, 1971.
Aristoteles; *Nikomachische Ethik*, Buchclub Ex libris, Zürich, 1972.
Aristotele, „Etica a Nicomaco", in: *Opere*, quarta edizione, Laterza, Roma-Bari, 1991.
Aristotele, „Retorica", in: *Opere*, quarta edizione, Laterza, Roma-Bari, 1991.
Aristotele, „Metafisica", in: *Opere*, quarta edizione, Laterza, Roma-Bari, 1991.
Aristotele, „De Anima", in: *Opere*, quarta edizione, Laterza, Roma-Bari, 1991.
Aristoteles, *Ueber die Seele*, Meiner, Hamburg, 1995.
Aurelio Agostino, *La città di Dio*, Rusconi, Milano, 1992.
Bergson, L., *Le rire, essai sur la signification du comique*, PUF, Paris, 1940.
Blair, J., Mitchell, D., Blair, K., *The Psychopath – Emotion and the Brain*, Blackwell, Maldem, MA USA, Oxford UK, Carlton, Victoria, Australia, 2005.
Brothers, Leslie, „A Biological Perspective on Empathy", *Am J Psychiatry* 146: 1, January 1989.
Celio, M. et al., „Exploration of the Neural Correlates of Thicklish Laughter by Functional Magnetic Resonance Imaging", *Cerebral Cortex*, Oxford University Press, 2012.
Cicerone, M. T., *Le discussioni di Tuscolo*. A cura di G. Burzacchini e L. Lanzi, Zanichelli, Bologna, 1980.
Crawley J. L.: „Evaluation of a Proposed Hamster Separation Model of Depression". *Psychiatric Research*, 11, 35–47, 1984.
Damasio, A. R., *Descartes' Error. Emotion, Reason and the Human Brain*, Picador, London and Basingstoke, 1994.
Damasio, A. R., *L'errore di Cartesio*, Milano, Adelphi, 1995.
Damasio, A. R., *Descartes' Irrtum*, List, fünfte Auflage, Berlin, 2007.
Darwin, Ch., *The Expression of the Emotions in Man and Animal*, Murray, London, 1904.
Darwin, Ch., *L'espressione delle emozioni nell'uomo e negli animali*, traduzione italiana di L. Breschi, Newton & Compton, Roma, 2006.
Denton, D., *Les émotions primordiales et l'éveil de la conscience*, Flammarion, Paris, 2005.
Descartes, R., *Les passions de l'âme*, Librairie générale française, Paris,1990.
Diels, H. – Kranz, W., *Die Fragmente der Vorsokratiker*, Weidmann, Zürich-Hildesheim, 1989.
Ekmann, P., „An Argument for Basic Emotions", in *Cognition and Emotions*, 1992, 6 (3/4), 169–200.

Euripide, „Eracle“, in: *Tragici greci*, Sansoni, Firenze, 1988.
Freud, S., *Opere*, Boringhieri, Torino, 1979.
Gabbard, G. O., „A Neuroscience Perspective on Transference“, manuscript.
Gabbard, G.O. et al., „The Interface of Mind and Brain in Borderline Personality Disorder“, manuscript.
Goleman, D., *Intelligenza emotiva*, Rizzoli, Milano, 1996.
Hadot, P., *Exercices spirituels et philosophie antique*, Études augustiniennes, Paris, 1987.
Hadot, P., *Esercizi spirituali e filosofia antica*, Einaudi, Torino, 1988.
Hobbes, Th., *Elementa philosophica de cive*, Lausannae, apud F. Grasset, 1782.
Hobbes, Th., *De Cive: elementi filosofici sul cittadino*, a cura di Tito Magri, Ed. Riuniti, Roma, 1999.
Hobbes, Th. *Leviathan*, Testo inglese del 1651, in Leviatano, a cura di R. Santi, Bompiani, Milano, 2001.
Hobbes, Th., *Leviatano*, a cura di Arrigo Pacchi, Laterza, Roma-Bari, 2008.
Hoffmann, E., Hrsg., *De civitate Dei*, F. Tempsky, Wien – G. Freytag, Leipzig, 1899–1900.
Hume, D., „Treatise on Humane Nature“, in *Trattato sulla natura dell'Uomo*, a cura di P. Guglielmoni, Bompiani, Milano, 2001.
Jacob, A., Hrsg., *Encyclopédie Philosophique Universelle*, PUF, Paris, 1990.
James, W., „Che cosa è un'emozione?“, in *L'uomo come esperienza – identità, istinti, emozioni*; a cura di G. Starace, l'Ancora, Napoli, 1999.
Jesuthasan, S., „Chondroitin Fragments Are Odorants that Trigger Fear Behavior in Fish“, *Current Biology 22, 1–7, March 20*, 2012 Elsevier 2012.
Kandel, E., *Psychiatry, Psychoanalysis, and the New Biology of Mind*, American Psychiatric Publishing, Inc., Washington DC, London 2005.
Kant, I., *Anthropologie in pragmatischer Hinsicht*, Meiner, Hamburg, 2000.
Laplanche, J., Pontalis, J.-B., Enciclopedia della psicanalisi, Laterza, Roma-Bari 1973.
Locke J., *Saggio sull'intelligenza umana*, Laterza, Roma-Bari, 1994.
Locke, J., „An Essay concerning Human Understanding“, in: *Saggio sull'intelligenza umana*, a cura di V. Cicero e M.G. D'Amico, Bompiani, Milano, 2004.
Lucio Anneo Seneca, *Lettere a Lucilio*, (ep. 116), Introduzione di L. Canali, traduzione e note di G. Monti, testo latino a fronte, Rizzoli, Milano, 1996.
Marcus Aurelius Antoninus: *Pensieri*, a cura di Guido Cortassa, UTET, Torino, 1984.
Medawar, P., „Further comments on psychoanalysis“, in *Pluto's Republic*, Oxford University Press, Oxford – New York, 1984.
Newmark C., *Passion – Affekt – Gefühl; Philosophische Theorien der Emotionen zwischen Aristoteles und Kant*, Meiner, Hamburg, 2008.
O'Meara, D., *Plotin, Une introduction aux Ennéades*, Éditions Universitaires de Fribourg, Fribourg Suisse, 1992.
Oxford Companion to the Mind, Oxford University Press, Oxford-New York, 1987.

Platon, *Sämtliche Werke*, Jakob Hegner, Köln u. Olten, 1969.
Platone, „Timeo", in: *Opere complete, ottava edizione*, Laterza, Roma-Bari, 1991.
Platone, „Fedone", in: *Opere complete, ottava edizione*, Laterza, Roma-Bari, 1991.
Platone, „Teeteto", in: *Opere complete, ottava edizione*, Laterza, Roma-Bari, 1991.
Platone, „Repubblica", in: *Opere complete, ottava edizione*, Laterza, Roma-Bari, 1991.
Plotin, *Plotins Schriften*, Übersetzt von Richard Harder, Neubearbeitung mit griechischem Lesetext und Anmerkungen fortgeführt von Rudolf Beutler und Willy Theiler, Hamburg, 1962.
Plotino, *Enneadi*, Rusconi, Milano, 1992.
Quinto Orazio Flacco, *Ars poetica*, vv. 102–103, in: Tutte le opere, Sansoni, Firenze 1978.
Ritter, J., Hrsg., *Historisches Wörterbuch der Philosophie*, Schwabe & Co., Basel-Stuttgart, 1974.
Rossi, P., Viano, C., a cura di, *Storia della filosofia*, voll. 6, Laterza, Roma-Bari, 1996.
Sartre, J.-P., *Esquisse d'une théorie des émotions* (1938), Herrmann / Le livre de poche, Paris, 1938/1995.
Seneca, L. A., *L'ira*, a cura di Costantino Ricci, testo latino a fronte, BUR, Milano, 2004.
Solomon, R., ed. *Thinking about feelings*, Oxford University Press, Oxford-New York, 2004.
Spinoza, B., *Etica*, testo latino a fronte, a cura di G. Gentile, G. Durante e G. Radetti, Bompiani, Milano, 2007.
Stoici antichi, *Tutti i frammenti secondo la raccolta di H. von Arnim*, a cura di R. Radice, Rusconi, Milano, 1998.
Tommaso d'Aquino, *Summa Theologiae, editio tertia*, San Paolo, Cinisello Balsamo, 1999.
Torrell, J.-P., *La „Summa" di S. Tommaso*, Jaca Book, Milano 1998.

Berner Reihe philosophischer Studien

Band 1: Gerhard Heinzmann
Schematisierte Strukturen. Eine Untersuchung über den Idoneismus Ferdinand Gonseths auf dem Hintergrund eines konstruktivistischen Ansatzes. 185 S., 1982.

Band 2: Vincent F. Brunner
Probleme der Kausalerklärung menschlichen Handelns. 112 S., 1983.

Band 3: Jean-Claude Wolf
Sprachanalyse und Ethik. Eine Kritik der Methode und einiger Folgeprobleme sowie der Anwendung des universalen Präskriptivismus von Richard Mervyn Hare. 142 S., 1983.

Band 4: Duen Jau Marti-Huang
Die Gegenstandstheorie von Alexius Meinong als Ansatz zu einer ontologisch neutralen Logik. 136 S., 1984.

Band 5: Claudia Risch
Die Identität des Kunstwerks. VIII, 189 S., 1986.

Band 6: Andreas Graeser (ed.)
Mathematics and Metaphysics in Aristotle/Mathematik und Metaphysik bei Aristoteles. 333 S., 1987.

Band 7: Stephan Hottinger
Nelson Goodmans Nominalismus und Methodologie. 94 S., 1988.

Band 8: Michael Schrijvers
Spinozas Affektenlehre. 233 S., 1989.

Band 9: Andreas Gunkel
Spontaneität und moralische Autonomie. Kants Philosophie der Freiheit. IX, 238 S., 1989.

Band 10: Andreas Bächli
Untersuchungen zur pyrrhonischen Skepsis. XI, 90 S., 1990.

Band 11: Hansueli Flückiger
Sextus Empiricus. Grundriss der pyrrhonischen Skepsis. Buch I – Selektiver Kommentar. 126 S., 1990.

Band 12: Gérard Bornet
Naive Semantik und Realismus. Sprachphilosophische Untersuchung der Frühphilosophie von Bertrand Russell (1903–04). 315 S., 1991.

Band 13: Herbert Schweizer
Bedeutung. Grundzüge einer internalistischen Semantik. 201 S., 1991.

Band 14: Jürg Freudiger
Kants Begründung der praktischen Philosophie: systematische Stellung, Methode und Argumentationsstruktur der „Grundlegung zur Metaphysik der Sitten". 123 S., 1993.

Band 15: Erwin Sonderegger
Aristoteles, Metaphysik Z 1-12: philosophische und philologische Erwägungen zum Text. VIII, 369 S., 1993

Band 16: Lutz Danneberg / Andreas Graeser / Klaus Petrus (Hg.)
Metapher und Innovation: die Rolle der Metapher im Wandel von Sprache und Wissenschaft. 324 S., 1995.

Band 17: Gérard Bornet
Die Bedeutung von „Sinn" und der Sinn von „Bedeutung": auf dem Weg zu einem gemeinsprachlichen Wörterbuch für formale Philosophie. XVI, 246 S., 1996.

Band 18: Cinzia Ferrini
Guida al „De orbitis planetarum" di Hegel ed alle sue edizioni e traduzioni. 259 S., 1995

Band 19: Urs Bruderer
Verstehen ohne Sprache. Zu Donald Davidsons Szenario der radikalen Interpretation. 80 S., 1997.

Band 20: Peter Zimmermann
Soziologie als Erkenntniskritik. Die Wissenssoziologie Karl Mannheims. 64 S., 1998.

Band 21: Thomas Gfeller
Was ist wichtig: Beschreibung, Wertung und ethische Theorie. 112 S., 1998.

Band 22: Gerald Bechtle
The Anonymous Commentary on Plato's „Parmenides". 285 S., 1999.

Band 23: Ursula Thomet
Kunstwerk, Kunstwelt, Weltsicht. Arthur C. Dantos Philosophie der Kunst und Kunstgeschichte. 112 S., 1999.

Band 24: Pierfrancesco Basile
Experience and Relations. An Examination of F.H. Bradley's Conception of Reality. 197 S., 1999.

Band 25: Andreas Graeser
Prolegomena zu einer Interpretation des zweiten Teils des Platonischen Parmenides. 60 S., 1999

Band 26: Martin Flügel / Thomas Gfeller / Charlotte Walser
Werte und Fakten. Eine Dichotomie im Spiegel philosophischer Kontroversen.
268 S., 1999.

Band 27: Rebecca Iseli
Kants Philosophie der Mathematik. Rekonstruktion – Kritik – Verteidigung.
110 S., 2001.

Band 28: Helen Plüss
Bedeutungstheorie und philosophische Psychologie bei Paul Grice.
76 S., 2001.

Band 29: Alain Metry
Speusippos. Zahl – Erkenntnis – Sein. 198 S., 2002.

Band 30: Heiko Holweg
Methodologie der qualitativen Sozialforschung. Eine Kritik. 176 S., 2005.

Band 31: Thomas Ruprecht
Die Unbestimmtheit der Verursachung. Ein philosophischer Essay über Kausalität. 138 S., 2003.

Band 32: Evangelos Zoidis
Notes on a Metaphysics of Presence. 113 S., 2003.

Band 33: Philipp Keller
Ein Dritter Blick auf Descartes' Erste Philosophie. Eine analytische Interpretation der cartesianischen Metaphysik.
In Vorbereitung.

Band 34: Marcel van Ackeren
Heraklit. Vielfalt und Einheit seiner Philosophie. 167 S., 2006.
ISBN 978-3-03910-815-2.

Band 35: Mika Ojakangas
A Philosophy of Concrete Life. Carl Schmitt and the Political Thought of Late Modernity. 2nd revised edition, 225 S., 2006.
ISBN 978-3-03910-963-0 / US-ISBN 978-0-8204-8362-7.

Band 36: Erwin Sonderegger
Aristoteles' Metaphysik Λ: Ein spekulativer Entwurf. Einführung, Übersetzung, Kommentar. XXXII, 514 S., 2008. ISBN 978-3-03911-477-1.

Band 37: Thomas Schindler-Wunderlich
Kritik der neuzeitlichen Wunderkritik. Eine religionsphilosophische Studie.
217 S., 2008. ISBN 978-3-03911-510-5.

Band 38: Gianluigi Segalerba: Semantik und Ontologie. Drei Studien zu Aristoteles. In Vorbereitung.

Band 39: François Grandjean: Aristoteles' Theorie der praktischen Rationalität. 346 S., 2009. ISBN 978-3-03911-674-4

Band 40: Charlotte Walser: Personen – Inwiefern wir sind, wofür wir uns halten. 235 S., 2009. ISBN 978-3-0343-0080-3

Band 41: Paul Taborsky: The Logic of Cultures. Three Structures of Philosophical Thought. 266 S., 2010. ISBN 978-3-0343-0378-1

Band 42: Alba Papa-Grimaldi: Orphans of the One or the Deception of the Immanence. Essays on the Roots of Secularization. 239 S., 2010. ISBN 978-3-0343-0410-8

Band 43: Stefano Marino: Gadamer and the Limits of the Modern Techno-Scientific Civilization. 295 S., 2011. ISBN 978-3-0343-0663-8

Band 44: Stephan Millett: Aristotle's Powers and Responsibility for Nature. 303 S., 2011. ISBN 978-3-0343-0679-9

Band 45: Fabrizio Moser: Subjekt-Objekt-Intersubjektivität. Eine Untersuchung zur erkenntnistheoretischen Subjekt – Objekt – Dialektik Hegels und Adornos mit einem Ausblick auf das Intersubjektivitätsparadigma Habermas. 181 S., 2012. ISBN 978-3-0343-0575-4

Band 46: Christian Michael Schenkel: Moralische Verpflichtung in der Politik. Grundlegung zu einem pragmatischen Modell deliberativer Demokratie. 251 S., 2012. ISBN 978-3-0343-0585-3

Band 47: K. Noack: Platon und der Immoralismus. Die Prototypen des extremen Naturrechts, Kallikles und Thrasymachos, in der Darstellung Platons. 221 S., 2012. ISBN 978-3-0343-1201-1

Band 48: Carlo L. Calanchini: Ueber Gemütsregungen. Emotionen zwischen philosophischer Theorie und psychotherapeutischer Praxis. 157 S., 2012. ISBN 978-3-0343-1017-8

Bände 1–32 erschienen im Paul Haupt Verlag, Bern